dtv
premium

George I. Brown

Graf Rumford

Das abenteuerliche Leben
des Benjamin Thompson

Mit 41 Schwarzweißabbildungen
Aus dem Englischen übersetzt
und für die deutschsprachige Ausgabe
bearbeitet und ergänzt von
Anita Ehlers

Deutscher Taschenbuch Verlag

Deutsche Erstausgabe
Dezember 2002
© 1999 George I. Brown
Titel der englischen Originalausgabe:
Scientist, Soldier, Statesman, Spy.
Count Rumford. The Extraordinary Life of a Scientific Genius
Sutton Publishing Limited, Phoenix Mill · Stroud · Gloucestershire
© der deutschspachigen Ausgabe:
2002 Deutscher Taschenbuch Verlag GmbH & Co. KG, München
www.dtv.de
Umschlagkonzept: Balk & Brumshagen
Umschlagbild: ›Am Entenbach, nahe dem Chinesischen Turm‹ (1800) von
Johann Michael Mettenleiter (© Staatliche Graphische Sammlung, München)
Foto Umschlagrückseite: © AKG, Berlin
Redaktion und Satz: Lektyre Verlagsbüro
Olaf Benzinger, Germering
Gesetzt aus der Galliard 11/13,5°
Druck und Bindung: Kösel, Kempten
Gedruckt auf säurefreiem, chlorfrei gebleichtem Papier
Printed in Germany · ISBN 3-423-24342-2

Inhalt

Für Barbara, Helen und Louise

Vorbemerkung zur deutschen Ausgabe

George I. Brown schrieb seine Rumford-Biografie aus Anlass der 200-Jahrfeier der Royal Institution of Great Britain und betonte naturgemäß Rumfords Leistungen als Naturforscher in England, Deutschland und Frankreich. Rumford verbrachte vierzehn seiner besten Mannesjahre in Deutschland und war als Beamter des pfalzbayrischen Kurfürsten Kart Theodor zeitweise der mächtigste Mann im Staat. In München führte er seine großen Sozialreformen durch, in deren Rahmen er nicht nur die Gründung des Englischen Gartens veranlasste, sondern unter anderem praktisch über Nacht den überaus zahlreichen Bettlern Arbeit verschaffte und ihre Selbstachtung durch Bestätigung und Anerkennung förderte. Seine Reformen und auch das »Lokalkolorit« der deutschen Jahre sind hier in einem eigenen Kapitel etwas ausführlicher dargestellt als im Original. Andererseits wurden »typisch englische« Anmerkungen des Verfassers etwa über Politiker und Orte in die Anmerkungen aufgenommen.

Rumford hat überwiegend in seiner Muttersprache Englisch geschrieben und auch für seine auf Französisch und Deutsch veröffentlichten Arbeiten englische Entwürfe zugrunde gelegt. Alle Zitate sind Übersetzungen, die, wenn sie in deutschen Quellen zu finden waren, aus ihnen übernommen wurden. Die Zitate aus den Essays in den ›Kleinen Schriften politischen ökonomischen und philosophischen Inhaltes‹ stammen aus der zeitgenössischen Übersetzung, deren Ausdrucksweise der Rumfords sicher viel näher kommt als eine moderne und deren Orthografie uns unmittelbar in frühere Zeiten versetzt.

Die ›Kleinen Schriften‹ wurden zwischen 1797 und 1803 von Bertuch in Weimar herausgegeben. Der Herausgeber schreibt in seinem Vorwort: »Die deutsche Übersetzung, welche ich aus Zeitmangel nicht selbst machen konnte, hat ein anderer würdiger Gelehrter besorgt, in deßen Händen der Geist und Sinn des Originals nicht das Mindeste verlohren hat.«[1] Ähnlich wie die Übersetzerin dieser Biografie einen anderen räumlichen Standpunkt hat als George I. Brown, hatte dieser ungenannte Übersetzer offenbar einen anderen wissenschaftlichen Standort als Rumford, denn er schreibt in der ›Nachschrift des teutschen Übersetzers‹: »Ich halte es für meine Pflicht sowohl gegen die Wissenschaft als auch gegen den verehrungswürdigen Hrn. Verfasser selbst, hier einiger Zweifel und Einwürfe zu gedenken, welche zwey unserer berühmtesten Physiker dem Hrn. Grf. v. Rumford, gegen seine Theorie über die Fortpflanzung der Wärme in Flüssigkeiten gemacht haben.

Der erste war unser vortrefflicher, für die Wissenschaften leider zu früh verstorbener Prof. Green in Halle, dessen Erinnerungen gegen diese Abhandlung die Leser in seinem neuen ›Journale der Physik‹ IV Bd. S. 451 ec.. Der zweyte war Hr. de Luc, dessen Aufsatz sich in ›Crells chemischen Annalen‹ v. J. 1798. I Bd. S. 288 und 368 befindet; woraus ihn Hr. Prof. Gilbert in Halle aushob, in seine ›Annalen der Physik‹ I Bd. 4. St. S. 464 ec. aufnahm, und des Hrn. Grf. v. Rumfords Theorie gegen Hrn. De Luc's Angriffe, durch seine schätzbaren Noten vertheidigte. Es liegt außer meinem Kreise mich einer Kritik der Einwürfe dieser beyden berühmten Physiker anzumaasen; wozu auch hier kein schicklicher Ort wäre. Rumfords rastloser Eifer für das Beste der Wissenschaft, wird gewiß diese Zweifel beleuchten und heben, und alsdann wird es mir gewiß eine sehr angenehme Pflicht seyn, auch diese Auflösung in der Folge mit hier zu liefern.«[2]

Zu dieser Auflösung ist es nicht gekommen; offenbar sind Rumfords spätere Arbeiten nicht alle ins Deutsche übersetzt worden, während die früheren praktisch gleichzeitig mit dem Original in den angesehensten Wissenschaftsjournalen der Zeit erschienen sind. Noch ist anscheinend wenig über die Rezeption von Rumfords Gedanken zur Wärme in Deutschland bekannt.

Die Quellenlage stellt sich aus »deutscher Sicht« etwas anders dar als aus englischer. In Veröffentlichungen zur 200-Jahrfeier des Englischen Gartens und zur Geschichte Münchens und Bayerns und auch in ›Der Butt‹ von Günter Grass wurde Rumfords Leben beleuchtet. Sicherlich bergen viele Münchner Archive, so das Stadtarchiv, die Monacensia-Abteilung der Stadtbibliothek, das Archiv des Stadtmuseums, das Kriegsarchiv und das Geheime Staatsarchiv vieles noch Unbekannte, das Rumfords Tätigkeit erhellen kann. Ein Kenner der Quellen schreibt: »Der wichtigste Nachlass von Rumford ist der unter zahlreichen Betreffs verstreute Bestand an Amtsakten in der Generalregistratur des Bayerischen Hauptstaatsarchivs. Wer bisher über ihn geschrieben hat, ist an diesem Bestand vorbeigegangen.«[3] Vielleicht ermutigt dieses Buch Historiker zur weiterenBeschäftigung mit diesem faszinierenden Menschen und seinem Wirken.

Anita Ehlers, München 2002

Die Statue von Graf Rumford in der Münchner Maximilianstraße.

Benjamin Thompson – ein Engländer in den amerikanischen Kolonien

Im Allgemeinen wurde berühmten Menschen ein großes Begräbnis zuteil, nicht aber Graf Rumford. An der Bestattung am 28. August 1814 auf dem Friedhof von Auteuil, am Stadtrand von Paris, nahmen nur wenige Freunde teil, und weder seine ehemalige Ehefrau, die frühere Madame Lavoisier, noch sein einziges eheliches Kind, seine Tochter Sally, Gräfin Rumford, waren zugegen. Die Inschrift auf seinem Grabstein fasste sein Lebenswerk mit den Worten zusammen: »Dem gefeierten Physiker und aufgeklärten Philanthropen, dessen Entdeckungen auf dem Gebiet des Lichts und der Wärme seinen Namen berühmt machten und dessen Hilfe für die Armen den Menschenfreunden stets in Erinnerung bleiben wird.« Hier fehlt jeder Hinweis auf die Komplexität seines Charakters, obwohl gerade sie verstehen lässt, warum sein Tod so wenig Anteilnahme fand und warum sein Name und seine großen Leistungen außer bei Physikern und außerhalb Münchens heutzutage wenig bekannt sind.

Benjamin Thompson, der spätere Graf Rumford, wurde am 26. März 1753 in Woburn geboren, einer kleinen Stadt im Staat Massachusetts im Nordosten der USA. Dort, in der Bucht von Cape Cod, wo jetzt New Plymouth liegt, hatten die Pilgerväter im Dezember 1620 mit der ›Mayflower‹ Amerika erreicht und eine englische Kolonie gegründet. Zusammen mit John Winthrop, dem späteren ersten Gouverneur von Massachusetts, landete hier zehn Jahre später James Thompson, einer von Benjamins väterlichen Vorfahren.

Benjamins Vater bewirtschaftete eine kleine, von seinem Großvater erworbene Farm; seine Mutter war die Tochter eines Offiziers, der in dem langen Krieg der englischen Kolonien gegen die Franzosen und die Indianer mit Auszeichnung gedient hatte.

11

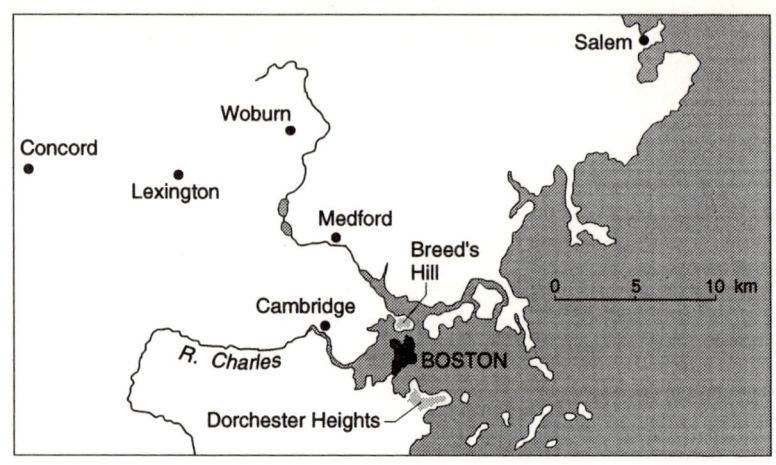

Das Gebiet um Boston um 1770.

Benjamin war das erste Kind seiner Eltern. Normalerweise hätte er den Besitz übernommen und sein Leben als Landwirt zugebracht, aber das Schicksal griff ein, als sein Vater im Alter von nur 26 Jahren starb. Als Benjamin zwanzig Monate alt war, übernahm sein Onkel Hiram die Farm, knapp zwei Jahre später heiratete seine Mutter Jesiah Pierce, einen anderen Farmer des Ortes, dem sie vier Kinder gebar. Als Erwachsener schrieb Rumford seinem Schweizer Freund M. A. Pictet über den Tod seines Vaters: »Dieser zufällige Umstand entschied mein Schicksal, als ich noch ein Kind war«[1], und: »Ich musste mich daran gewöhnen, selbstständig zu denken und zu handeln und mir meinen Lebensunterhalt selbst zu verdienen.«[2]

Wir wissen nicht, wie seine Kindheit wirklich verlief. Einerseits schrieb Rumford 1797 an Pictet: »Die Erinnerung an die glücklichen Szenen meiner Kindheit und frühen Jugend ist unaussprechlich faszinierend und mir sehr lieb.«[3] Andererseits schrieb er demselben Freund etwas später, er habe seinen Stiefvater, den »tyrannischen Ehemann meiner armen Mutter«, nie gemocht, die zweite Heirat als Treulosigkeit und Enttäuschung

12

erlebt und es gar nicht begrüßt, dass seine Mutter so viele Kinder hatte.[4] Höchstwahrscheinlich jedoch spiegeln diese späteren Ansichten lediglich das Bemühen, sein Selbstbild zu verklären und sich als jemanden darzustellen, der es aus eigener Kraft zu etwas gebracht hat; vermutlich bemühte er sich hier wie auch sonst in seinem Leben, die Ereignisse in dem Licht darzustellen, das ihm jeweils besonders günstig erschien.

Alles deutet darauf hin, dass er in seiner Jugend gut behandelt wurde. Ihm waren im Testament seines Vaters etwa fünfzig Morgen Wald und Land zugesprochen worden, und auf Anweisung des Großvaters zahlte ihm sein Onkel Hiram bis zum Alter von vierzehn Jahren jährlich sechzehn Schilling; dieser Onkel musste auch seine Mutter unterstützen, solange sie verwitwet war.

Benjamin Thompson erhielt eine bessere Schulbildung als seine Geschwister; er besuchte zunächst die Volksschule in Woburn und später Schulen im benachbarten Byfield und in Medford. Man sagte, er sei geistig rege gewesen, habe Einfallsreichtum und Erfindungsgabe gezeigt und schon damals Vergnügen an Dingen gefunden, die ihn, wie sich erwies, später in seinem Leben zu profitablen und nützlichen Beschäftigungen führten. Er begeisterte sich besonders für Rechnen und Mathematik, und Freunde erinnerten sich später, dass er seine Freizeit und später auch einen Teil seiner Arbeitszeit auf die »Konstruktion einfallsreicher mechanischer Apparate verwandte, was ihn bald zu einem neugierigen Interesse an den Grundsätzen der Mechanik und Naturphilosophie führte«.[5] Aber während er in der Schule gut mitarbeitete, war er nach diesen Berichten doch sehr unkooperativ, wenn er auf der heimatlichen Farm zupacken sollte.

Nach Verlassen der Schule kam der Dreizehnjährige als Lehrling nach Salem zu dem Gemischtwarenhändler John Appleton, bei dem er auch wohnte. Als Sechzehnjähriger war er bei Hopestill Caphen, einem Bostoner Kurzwarenhändler, angestellt. Es zeigte sich jedoch schon bald, dass er nicht zum Verkäufer geboren war, denn Mr. Caphen klagte seiner Mutter, er habe ihren

Eine Zeichnung von Thompson aus dem Tagebuch, das er zwischen 1769 und 1772 führte. Sie heißt ›Staatsrat‹ und zeigt offenbar zwei Männerköpfe, zwei Frauenköpfe und einen Eselskopf.

Sohn »häufiger unter dem Tresen mit Bohrer, Messer und Säge beim Bau einer kleinen Maschine oder in einem Buch über Naturwissenschaft lesend gesehen als hinter dem Tresen beim Anordnen von Stoffballen oder Bedienen von Kunden.«[6] Vermutlich kam es Thompson nicht ungelegen, dass der Boykott englischer Waren 1770 das Geschäft stilllegte und Mr. Caphen ihn entlassen musste.

Ein Tagebuch, das Thompson zwischen dem sechzehnten und neunzehnten Lebensjahr führte, bestätigt, dass er vom Verkäuferdasein keine hohe Meinung hatte. Ein früher Eintrag – er wolle sich »nie eine Gelegenheit zum Aufstieg entgehen lassen«[7] – wurde ein Leitfaden seines Lebens, als er begann, sein Vorankommen aus eigener Kraft zu betreiben, wie es bei ehrgeizigen jungen Menschen mit großer Begabung und viel Energie nicht selten ist. Etwas später schrieb er: »Mein Wissensdurst war unstillbar«;[8] immer wieder bat er seine Freunde um Hilfe bei der

Beantwortung der ihn quälenden Fragen, um Aufklärung und Information.

Eine besonders einflussreiche Freundschaft verband Thompson mit dem neun Jahre älteren Loammi Baldwin, der in Woburn genau gegenüber wohnte; dieses persönliche Band hielt trotz des Altersunterschieds lebenslang. Baldwin hatte Mechanik und Landvermessung studiert, interessierte sich also für ähnliche Dinge wie Thompson. Die gemeinsame Leidenschaft für das Lernen führte zu langen Gesprächen und einem umfangreichen Briefwechsel über weite Themenbereiche. In Salem besuchte Thompson abends oft den Pfarrer an der Freikirche von Salem, Reverend Thomas Barnard, der ihm Unterricht in Höherer Mathematik gab, und als er 1770 nach Woburn zurückkehren musste, zog er zu dem Arzt Dr. Hay, um bei ihm Medizin zu lernen. Thompson fand außerdem Zeit, am damaligen Harvard College in Cambridge bei Professor John Winthrop Vorlesungen über Experimentelle Philosophie, also Physik, zu hören, schrieb sich an einer Privatschule ein, um Französisch und Fechten zu lernen, interessierte sich sehr für Musik und spielte Geige, außerdem zeichnete er hervorragend und hatte eine schöne Handschrift.

Wie seine Tagebucheinträge zeigen, galt sein Hauptinteresse der Naturwissenschaft und Technik, wobei ihn die Theorie ebenso faszinierte wie die Praxis. Seine Hochbegabung war offensichtlich. »Ehe ich noch vierzehn Jahre alt war«, schreibt er, »konnte ich schon die Faktoren einer Sonnenfinsternis richtig berechnen, wobei ich mich nur um vier Sekunden irrte!«[9] Um den Versuch zu wiederholen, mit dem Benjamin Franklin die Gleichartigkeit von Licht und Elektrizität bewiesen hatte, ließ er gemeinsam mit seinem Freund Baldwin bei Gewitter einen Drachen steigen. Die Experimentatoren fanden sich von einer Stichflamme eingehüllt und fühlten, wie Baldwin schreibt, »eine allgemeine Schwäche in den Gliedern und Gelenken und eine Art von Leblosigkeit«.[10] Thompson konstruierte auch eine Maschine, eine Kombination von Rädern und mechanischen Vorrichtungen, die ein *perpetuum mobile* sein sollte, aber, schrieb Baldwin, »es gelang mir nicht herauszufinden, aufgrund welcher Prinzipien der Apparat arbeiten sollte«.[11] Außerdem konstruierte Thompson einen elektrischen Apparat, der Ähnlichkeit mit einem Van-de-Graaf-Generator hatte, und eines Tages fand ihn Dr. Hay beim Operieren eines Schweins, dem er die Luftröhre entnehmen wollte. Bei dem Versuch, Feuerwerkskörper herzustellen, flog er einmal fast selbst in die Luft. Dazu schrieb er später: »Die Kraft des Schießpulvers ist so groß und die Wirkung so plötzlich und so schrecklich, dass trotz aller möglichen Vorsichtsmaßnahmen beim Umgang mit ihm immer noch ein beträchtlicher Grad an Gefahr bleibt, wie ich mehr als einmal auf eigene Kosten erfahren habe.«[12]

Die Hartnäckigkeit, mit der er sich um seine Weiterbildung kümmerte, zeigt sich in dem starren Zeitplan, den er sich selbst als Siebzehnjähriger bei Dr. Hay verordnete. Er schrieb in sein Tagebuch: »Montag – Anatomie. Dienstag – zur Hälfte Anatomie, zur anderen Chirurgie. Mittwoch – Chirurgie. Donnerstag – Physikalisches Institut. Freitag – Physik. Samstag – Chemie mit der Materia Medica.« Sein Stundenplan war ähnlich pedantisch: »Von elf bis sechs Uhr – schlafen. Um sechs Uhr aufstehen, Gesicht und Hände waschen. Sechs bis acht – zur Hälfte turnen, zur anderen studieren. Acht bis zehn – Frühstück, Morgenandacht usw. Zehn bis zwölf – durchweg studieren. Zwölf bis eins – Mittagsmahl usw. Eins bis vier – dauerndes Studium. Vier bis fünf – mich ablenken durch Unterhaltung oder Leibesübung. Fünf bis Bettgehzeit – was immer mich lockt: sei es, spazieren zu gehen oder zu Hause zu bleiben und Anatomie, Physik oder Chemie zu studieren.« [13] Dieser penible Zeitplan ist ein frühes Beispiel für die Leidenschaft für Ordnung und Regelmäßigkeit, der Thompson sein ganzes Leben lang frönte.

Seine Entschlossenheit war sehr lobenswert, brachte ihm aber keine unmittelbaren Einkünfte. Thompson lebte von dem Geld, das ihm der Verkauf von Feuerholz brachte, für das er auf dem ererbten Waldstück Bäume fällte. Um sein Studium fortsetzen zu können, beschloss der Achtzehnjährige, Lehrer zu werden. Das erwies sich rasch als eine glückliche Entscheidung – typisch für sein ganzes Leben.

Zunächst quartierte er sich als wandernder Schulmeister bei reichen Familien ein, um deren Kindern Lesen, Schreiben, Rechnen und die Grundlagen der Naturwissenschaft beizubringen. Er muss dabei einen guten Eindruck gemacht haben, denn schon im Lauf des ersten Jahres bat ihn Reverend Timothy Walker, der Pfarrer des Städtchens Concord in New Hampshire, ihm bei der Einrichtung einer Schule für 106 Schüler zu helfen. Concord hatte früher Rumford geheißen, nach Romford, der Stadt in der englischen Grafschaft Essex, aus der die ersten Siedler stammten, war aber nach einer gütlichen Grenzänderung sinnig umbenannt worden. Wie immer in seinem Leben nahm Thompson die Herausforderung an. Entschlossen, sich niemals eine Gelegenheit zum Aufstieg entgehen zu lassen, hatte er sich mit untrüglichem Gespür zur rechten Zeit am rechten Ort eingefunden.

Pfarrer Walker stammte aus Woburn und war seit Jahren einer der einflussreichsten Männer Concords. Sein Wohlstand zeigte sich in seinem großen Haus und im Besitz von drei Sklaven. Er hatte seine dreißigjährige Tochter Sarah mit dem schon 63-jährigen Oberst Paul Rolfe vermählt, einem der vermögendsten Männer Concords; als der innerhalb eines Jahres nach der Hochzeit starb, blieb Sarah als Mutter des gemeinsamen Sohns Paul und reichste Witwe Concords zurück.

Als sie nach wenigen Monaten Thompson kennen lernte, begegnete der jungen Frau mit ihm ein ansehnlicher Mann von neunzehn Jahren, schlank, hoch gewachsen, mit blitzenden Augen und sorgfältig gepudertem kastanienbraunem Haar, der vor Selbstvertrauen strotzte. Seine Manieren waren tadellos, und er konnte, wenn auch gelegentlich etwas überheblich, kenntnisreich über fast alles reden.

Im November 1772, vier Monate nach der ersten Begegnung, waren Sarah Rolfe und Benjamin Thompson ein Ehepaar; damit verwandelte sich der Bräutigam von einem armen, lernbegierigen Schulmeister zu einem wohlhabenden Landedelmann und Verwalter eines großen Gutes. Er wäre, so schrieb er später, »lebenslang arm und unglücklich gewesen, wenn mich nicht eine Frau geliebt hätte, wenn sie mir nicht ein Auskommen, ein Heim und ein unabhängiges Vermögen gegeben hätte«.[14] Diese Frau fuhr mit ihm in einem Zweispänner in das hundert Kilometer entfernte Boston und ließ ihm einen Husarenrock mit scharlachrotem Besatz und glänzenden Metallknöpfen anpassen und sein Haar der Mode entsprechend schneiden. Danach führte sie ihn in ihren Freundeskreis ein; Thompson war all dem überhaupt nicht abgeneigt.

Typisch war der Besuch einer Militärparade des Zweiten Provinzregiments von New Hampshire, die der Gouverneur John Wentworth, ein Verwandter von Mrs. Thompson, abnahm. Der junge Ehemann ergriff die Gelegenheit, Aufmerksamkeit auf sich zu ziehen, indem er, angetan mit seinem roten Husarenrock, auf einem herrlichen Schimmel wie zufällig vor dem Regiment auftauchte. Das machte Eindruck, und Thompson zählte bald zu den Freunden des Gouverneurs, der ihm, dem kaum Zwanzigjährigen, die Stelle eines Majors in diesem Regiment anbot. Wohl nur wenige Männer mit so geringer militärischer Erfahrung konnten sich je eines so plötzlichen und kometengleichen Aufstiegs erfreuen.

Nach diesem angenehmen Beginn des Ehelebens ging anscheinend trotz des Altersunterschieds alles gut, und im Oktober 1774 wurde die Tochter Sarah, allgemein Sally genannt, geboren. Später sagte Thompson gelegentlich: »Sie heiratete mich, nicht ich sie«,[15] und wir werden nie wissen, wie die Ehe sich entwickelt hätte, wenn nicht politische Ereignisse, die im amerikanischen Unabhängigkeitskrieg gipfelten, sie beendet hätten.

Es kam zu diesem Krieg, als in einigen der Kolonien, die sich gegen die Bevormundung durch die Regierung in England zur Wehr setzten, allmählich die Ordnung zusammenbrach. Insbe-

Die dreizehn Kolonien im Nordosten der späteren USA um 1770.

sondere sträubten sich die Kolonisten gegen die britische Steuer-
gesetzgebung und wollten ihre eigenen Angelegenheiten selbst
regeln, das aber sah die Regierung in London ungern. Der Earl
von Chatham, vormals William Pitt senior, forderte die Unter-
würfigkeit der Amerikaner. »Sie sind wie Kinder, und wir befehlen.«[16] Der Premierminister Lord North, den der große Spötter
und Lexikograf Samuel Johnson als einen Mann beschrieb, der
»mit einem Verstand, der so eng ist wie der Hals eines
Essigfläschchens, einen Ministersessel füllte«,[17] blieb unnach-
giebig.

19

Die Spannungen verstärkten sich aufgrund einer Reihe von Vorfällen, die die Kolonisten nicht mehr hinnehmen konnten. Im März 1765 hatte George Grenville, der damalige britische Premierminister, ein Gesetz durchgesetzt, mit dem er eine Steuer auf Drucksachen aller Art erheben konnte, nicht nur auf Dokumente, sondern auch auf Schriftstücke, Zeitungen, Spielkarten und sogar Würfel. Das führte zu Aufständen, weshalb das Gesetz ein Jahr später aufgehoben und Grenville abgesetzt wurde. Einige Jahre später, 1770, bewarf eine Horde von sechzig Jugendlichen in Boston eine Gruppe britischer Soldaten mit Schneebällen; das führte zu einem Aufstand, dem so genannten Bostoner Massaker, bei dem drei der Jugendlichen erschossen wurden, und als die Engländer 1773 eine Steuer auf Tee erheben wollten, verärgerte das eine Gruppe von Bürgern von Massachusetts so sehr, dass sie, als Indianer verkleidet, drei Schiffe überfielen, die im Hafen von Boston lagen, und die Fracht – 298 Kisten mit Tee – ins Meer kippten.

Auf diese »Bostoner Tea Party« reagierte die britische Regierung, indem sie den Hafen von Boston für jeglichen Verkehr schloss, stattdessen Salem zur Hauptstadt von Massachusetts ausrief und eine Reihe von Gesetzen erließ, die die Kolonisten als unerträglich empfinden mussten. Unter anderem wurden die Bürger von Boston gezwungen, britische Soldaten in ihre Häuser aufzunehmen. Daraufhin trafen sich alle Kolonien mit Ausnahme von Georgia 1774 in Philadelphia zum Ersten Kontinentalkongress, der die Engländer zum Widerruf der Gesetze und die Siedler zu zivilem Ungehorsam gegen die Engländer aufforderte. Der Kongress empfahl auch die Bildung einer Armee von Freiwilligen, die in Minutenschnelle zur Verfügung stehen sollten.

Das Zentrum der Opposition gegen die Herrschaft der Engländer lag in der Gegend von Boston. Dort brach am 19. April 1775 der Unabhängigkeitskrieg aus, als eine Abteilung des britischen Heeres, die die Kriegsvorräte der Kolonisten beschlagnahmen wollten, von der lokalen Miliz in Lexington und Concord im Nordwesten Bostons beschossen wurde. In der folgenden Schlacht fielen 273 Engländer und nur 93 Amerikaner, weil der mutige Bostoner Silberschmied Paul Revere in einem mitternächtlichen Ritt alle Dörfer vor dem Anmarsch der britischen Armee warnte und die Bauern durch geschickten Angriff die überraschten Rotröcke in die Flucht schlagen konnten.[18]

Der Oberbefehlshaber der britischen Armee war der Gouverneur von Massachusetts, Thomas Gage. Der Zweite Kontinentalkongress, der am 10. Mai 1775 in Philadelphia stattfand, beauftragte George Washington mit der Aufstellung und Führung einer neuen amerikanischen Armee. Washington, ein damals 43-jähriger wohlhabender Großgrundbesitzer und Oberst in der Armee von Virginia, erklärte sich bereit, unter Verzicht auf ein Gehalt Ordnung in die, wie er sagte, »gemischte Vielfalt« zu bringen.[19] »Ich befinde mich jetzt auf einem weiten Ozean, der unbegrenzte Aussicht gewährt«, schrieb er, »aber vielleicht keinen sicheren Hafen finden lässt.«[20]

Washington setzte sich als eines seiner ersten Ziele, die britischen Truppen zum Rückzug aus Boston zu zwingen, weil die sowohl im Norden als auch im Süden von Anhöhen umgebene Stadt ausgesprochen schwer zu verteidigen war. Sein erster Versuch, bei dem er die Anhöhe im Norden[21] besetzen wollte, misslang, als er am 17. Juni 1775 geschlagen wurde. Der Sieg in dieser Schlacht von Bunker Hill kostete die Engländer jedoch 226 Tote und 828 Verletzte (insgesamt mehr als vierzig Prozent aller beteiligten Soldaten), während die Amerikaner 140 Gefallene und 271 Verletzte zählten.

Washington war erfolgreicher, als er in der Nacht vom 4. auf den 5. März 1776 den Höhenzug südlich von Dorchester besetzen konnte. Seine Armee verfügte jetzt über 59 Kanonen, die sie am britischen Hauptlager in Fort Ticonderoga am Lake Champlain erobert und mit Ochsenschlitten durch den winterlichen Schnee bis in das dreihundert Kilometer entfernte Boston gezogen hatte. Diese Geschütze bedrohten sowohl die Stadt Boston als auch die Flottenbewegungen so stark, dass General Gage den Rückzug befahl, um den Kampf auf einen günstigeren Tag zu verschieben. Damit konnte Washington am 17. März dem Kongress schreiben: »Mit großer Freude teile ich mit, dass die Ministeriale Armee die Stadt Boston etwa um neun Uhr vormittags verlassen hat.«[22]

Die Kolonisten mussten sich vor und während des Kriegs für eine der beiden Seiten entscheiden. Etwa ein Drittel der Siedler war gegen die Briten, ein anderes Drittel für sie und das restliche Drittel neutral. Selbst Freunde entschieden sich für gegnerische Seiten. Benjamin Thompson beispielsweise nahm das Angebot von Gouverneur Wentworth an, als Oberst für die Briten zu kämpfen, während Loammi Baldwin in Washingtons Armee Major und später Oberst wurde.

Thompsons Entscheidung gefiel wohl nur wenigen. Die erfahrenen britischen Offiziere im Zweiten New Hampshire Regiment ärgerten sich darüber, dass ihnen ein Mann ohne jede militärische Erfahrung vorgesetzt wurde. Viele der Bürger von Concord und Woburn sahen in Thompson einen Verräter und fanden ihre Ansicht bestätigt, als sie entdeckten, dass er zwei britische Deserteure zunächst auf seinem Gut beschäftigt hatte, bevor er sie mit der Bitte um Milde zu General Gage nach Boston sandte. Deshalb warf ihm das Volkskomitee von Concord im Dezember 1774 »Feindseligkeit gegen die Sache der Freiheit« vor.[23] Weil er nur »aus Mangel an Beweisen« und nicht wegen erwiesener Unschuld freigesprochen wurde, waren seine Ankläger unbefriedigt, und er musste sich am 18. Mai 1775 einer zweiten Verhandlung stellen, bei der es ihm wieder gelang, sich herauszureden.

Die Atmosphäre blieb ausgesprochen feindselig, und als Thompson im Dezember befürchten musste, die aufgebrachte Menge würde sein Haus stürmen, hielt er es für klüger, den Distrikt zu verlassen. Er schrieb seinem Schwiegervater: »Ich hielt es für absolut notwendig, mich eine Weile verborgen zu halten und in einem fernen Teil des Landes freundliches Asyl zu suchen. Die Furcht, dies könne in falsche Hände geraten, verhindert eine genauere Darstellung dieser Sache; aber Sie können sich darauf verlassen: Nie tat ich etwas und nie werde ich etwas tun, was den wahren Interessen dieses meines Vaterlandes auch nur im Allergeringsten schaden könnte.«[24] Um Geld zur Verfügung zu haben, verkaufte Thompson dem älteren Bruder seines Freundes Baldwin einen Teil seines Landbesitzes, bevor er sich am 13. Oktober 1775 von seinem Stiefbruder nach Narragensett Bay bringen ließ, etwa achtzig Kilometer südlich von Boston. Seine Abfahrt muss mit den britischen Kommandanten abgesprochen gewesen sein, denn er wurde von der Fregatte ›Scarborough‹ aufgenommen und nach Boston gebracht. Dort versicherte er General William Howe, der gerade General Gage als Oberkommandierenden ersetzt hatte, seiner »geschworenen Loyalität gegenüber Seiner Majestät König George III.«.[25]

In Boston wohnte Thompson nicht weit von dem Geschäft, in dem er fünf Jahre zuvor für Mr. Caphen gearbeitet hatte. Jetzt beschäftigte er sich unter Aufsicht von Colonel Stephen Kemble – einem Schwager von General Gage – damit, Informationen über die Rebellen zu sammeln. Er verband Pflicht und Neigung, indem er eine Affäre mit der Frau des Herausgebers der revolutionären Zeitschrift ›The Massachusetts Spy‹ begann; er hoffte, sie überreden zu können, die Meinungen der langjährigen Freunde ihres Mannes auszuplaudern.

Aber all das hatte ein Ende, als sich die Briten am 17. März 1776 aus Boston zurückzogen. Thompson war einer von 10 000 Soldaten und Zivilisten, die das Land verlassen mussten, und ging nach England. Dabei ließ er Frau und Tochter zurück, nachdem er seinem Schwiegervater geschrieben und ihn gebeten hatte, sich um seine »bedrängte Familie zu kümmern und jede Gelegenheit wahrzunehmen, ihre Sorgen zu erleichtern«.[26] Er hat seine Frau nie wiedergesehen und sich erst nach ihr erkundigt, als er sich etwa dreißig Jahre später wieder verheiraten wollte; seine Tochter sah er erst nach zwanzig Jahren wieder.

Wenn Thompson bei seinem Aufenthalt in Boston Informationen sammelte, war das lediglich eine Ausweitung der Spionagetätigkeit, der er schon seit einiger Zeit nachging. Es hat immer sehr verwundert, dass Gouverneur Wentworth ihm so rasch einen Posten in der britischen Armee zukommen ließ. Möglicherweise erhielt Thompson den Posten unter der Bedingung, dass er als Geheimagent wirken würde.

Den Briten lag sicherlich sehr daran, die Anzahl ihrer Deserteure gering zu halten; insbesondere wollten sie um jeden Preis vermeiden, dass sie vom Feind rekrutiert wurden. Außerdem wussten die Briten sehr wenig über die kürzlich aufgestellte amerikanische Armee.

Es besteht kein Zweifel daran, dass General Gage und General Howe Briefe mit wichtiger militärischer Information erhalten haben. Viele solcher Dokumente liegen noch heute im »Public Record Office« in London und in der »William I. Clements Library« der Universität von Michigan. Sie weisen mehrere verschiedene Handschriften auf, aber ein besonders langer und informativer Brief aus Woburn vom 6. Mai 1775 zeigt Benjamin Thompsons Handschrift. Er beruft sich auf Informationen, die von Loammi Baldwin und von Dr. Benjamin Church, dem Oberstabsarzt der Armee, stammen. Dr. Church war einer der bekanntesten Informanten der Kriegszeit: Er brauchte das Geld, um seinen hohen Lebensstandard zu wahren und seine teure Geliebte aushalten zu können. Aber er wurde schließlich festgenommen, als seine Mätresse die zu überbringende Botschaft in falsche Hände gelangen ließ. Church wurde schuldig gesprochen, ins Ge-

Loammi Baldwin als dreißigjähriger Major in der amerikanischen Armee.

24

fängnis gesteckt und 1777 nach Westindien ins Exil geschickt. Thompsons Brief enthielt wichtige Einzelheiten über den geplanten Angriff auf Boston.

Er interessiert heute vor allem, weil ein großer Teil davon ursprünglich in unsichtbarer Tinte geschrieben war. Das wurde etwa 1950 offenkundig, als Professor Sanborn C. Brown und Mr. Eldridge W. Stein den Brief einer gründlichen forensischen Überprüfung unterzogen. Die kurze Decknotiz war mit indischer Tinte geschrieben, in den großen Zwischenzeilen aber standen etwa siebenhundert Worte, die mit so genannter »sympathetischer Tinte«, einer farblosen Gerbsäurelösung, geschrieben waren, die nach dem Trocknen unsichtbar ist. Die Worte werden erst lesbar, wenn der Empfänger eine Lösung von Eisenchlorid darüber pinselt oder das Papier kurz in diese Lösung eintaucht, denn die Gerbsäure reagiert mit Eisenchlorid zu dunklem Eisentannat. Gerbsäure lässt sich gewinnen, indem man Galläpfel, die in Massachusetts sehr häufig sind, in Wasser löst. Thompson klagte etwa zu der Zeit, in der dieser Brief geschrieben wurde, über Durchfall, gegen den eine Infusion von Galläpfeln ein verbreitetes Heilmittel war; möglicherweise diente das als Deckmantel für seine Aktivitäten.

Brown und Stein zeigten außerdem, dass die Schrift dieses Briefes mit der von Thompsons anderen Briefen übereinstimmt und dass das Siegelwachs das gleiche ist wie jenes, das er anderswo verwendete; außerdem enthielt der Brief einen seiner häufigsten Schreibfehler – »oppertunity« statt »opportunity«.

Der Brief ist nicht signiert, aber es besteht wenig Zweifel daran, dass dieses frühe Beispiel von relativ raffinierter Spionage von Thompson verübt wurde, auch wenn er wenige Tage nach dem Schreiben dieses Briefs in der zweiten Verhandlung behauptete: »Ich habe nichts getan, was gegen die besten Interessen meines Landes gerichtet war.«[27] Welches Land mag er gemeint haben?

Ein weiteres, weniger verdecktes Beispiel seiner Spionagetätigkeit findet sich in einem vom 4. November 1775 datierten, mit »B.T.« gezeichneten elfseitigen Bericht, der »vermischte Beobachtungen über den Zustand der Rebellenarmee« anstellt und General Gage kurz nach Thompsons Ankunft in Boston vorgelegt wurde. Der sehr umfassende Bericht gab im Einzelnen Aufschluss über Vorräte und Ausrüstung, den Bestand an Artillerie und kleinen Waffen, Pulver und Schrot, die Befehlsstruktur in der Armee, Kleidung, Ernährung und allgemeine Lebensbedingungen, Gesundheit und medizinische Versorgung und auch Ausbildungsmethoden und Disziplin. Insgesamt bot der Bericht das Bild einer einsatzbereiten Armee mit einer geschätzten Stärke von etwa 15 000 Mann. Aber der Bericht übte auch in mehrfacher Hinsicht Kritik: Die Soldaten der Rebellen, so sagte er, seien schlechte Schützen, und die Soldaten hätten keinen Respekt vor den Offizieren, weil sich »die Doktrin der Unabhängigkeit und Gleichmacherei so effektiv über das Land verbreitet« habe.[28] Und: »Die Armee ist im Allgemeinen nicht nur sehr schlecht ausgerüstet, sondern auch erbärmlich gekleidet, und die Moral ist schlechter als jede, die jemals dem Namen eines Soldaten Schande bereitet hat.«[29]

Vielleicht war die Ausrüstung gar nicht so wichtig. Diese Soldaten haben schließlich den Krieg gewonnen, auch wenn sie dazu acht Jahre brauchten.

Sir Benjamin – Oberst in englischen Diensten

Das London, das Thompson 1776 vorfand, war ein anderes als das heutige. Es war zwar die größte Stadt Europas, hatte aber nur etwa 800 000 Einwohner und lag nördlich der Themse auf einem 1,5 bis drei Kilometer breiten Landstrich, der vom Hyde Park im Westen bis Wapping im Osten reichte. Südlich des Flusses war nur eine kleine Fläche um Southwark und Rotherhithe bebaut. Die Stadt brodelte vor Aktivität, so viel Aktivität, dass Samuel Johnson schreiben konnte, ein Mann, der von London genug habe, habe genug vom Leben, denn in London gäbe es alles, was das Leben zu bieten vermöge.[1]

Die Kaffeehäuser früherer Zeiten, in denen sich alle Schichten begegneten, hatten sich zu den Gentlemen's Clubs wie White's, Boodle's, Brook's und Crockford's entwickelt und sorgten für Klatsch und Skandale. Aber die elegante Fassade, die mit solchem Wohlleben einherging, verdeckte eine Rückseite menschlichen Elends voller Leid und Qual. Zwar hatte sich die Lage seit dem Beginn des Jahrhunderts etwas gebessert, aber es gab immer noch viel zu viel Prostitution und Trunkenheit, zu viel ungesunden Zeitvertreib wie Boxen mit bloßen Fäusten, Hahnenkämpfe und Stierhetzen, zu viele Vagabunden, Obdachlose, Aschensieber, Lumpensammler, Bettler und Buben, die zum Kaminreinigen gezwungen wurden. Vieles davon führte zu schwerer und nicht so schwerer Kriminalität, die oft darin gipfelte, dass sich Menschenmengen bei dem grausamen Schauspiel einer öffentlichen Hinrichtung am Tyburn Hill (jetzt Marble Arch) einfanden.

Die Politiker der Zeit quälten sich wenig mit Skrupeln; der vom Leben im 18. Jahrhundert faszinierte William Makepeace Thackeray schrieb, die Politik sei »überschwemmt mit liederlichen und ungehörigen Vorgehensweisen« und die Politiker genössen »die Gewinne aus der Politik, die Vergnügungen des gesellschaftlichen Lebens bis zum Exzess«.[2] John Wilkes beispielsweise, 1774 Bürgermeister von London und von 1757 und 1797 wiederholt Mitglied des Parlaments, verhielt sich in seinem Privatleben geradezu empörend. Er war ein prominentes Mitglied des Hell-Fire-Club, der in Medmemham Abbey, dem Wohnsitz von Sir Francis Dashwood, extravagante Orgien und schwarze Messen feierte, und förderte die Verbreitung von Thomas Potters ›Essay on Women‹, der weithin als obszön galt. Trotzdem war er ein Symbol für freie Meinungsäußerung und bezeichnete sich selbst als »einen Freund der Freiheit«.[3]

Als Thompson nach England kam, war George III. auf dem Thron, und die politische Szene stand ganz unter dem Einfluss des Kriegs in Amerika. Der König regierte seit 1760 und war ein beliebter, patriotischer und frommer Herrscher, der ein vorbildliches Privatleben führte. Er war willensstark und hartnäckig und musste sich in seinen ersten zehn Regierungsjahren mit sechs Premierministern abgeben, bevor er 1770 mit Lord North endlich jemanden fand, mit dem er zusammenarbeiten konnte. Wie Lord North war er der Meinung, dass die Rebellion auf der anderen Seite des Atlantik unterdrückt werden müsse. Viele Engländer jedoch dachten anders, unterstützten die Rebellen und setzten sich für eine gütliche Beilegung der Meinungsverschiedenheiten ein. Zu ihnen gehörten vor allem John Wilkes, Edmund Burke und der Marquis von Rockingham, der von 1765 bis 1766 elf Monate lang Premierminister war. Sie wurden von vielen königstreuen Flüchtlingen aus Neuengland bestärkt, die sich, ihrer Meinung nach nur vorübergehend, vor allem in London und Bristol niedergelassen hatten.

Nach 1775 lag die Kriegsführung in den Händen von Lord George Germain, dem Kolonialminister im Kabinett von Lord North. Als dritter Sohn des Herzogs von Dorset hatte er von Haus aus Anspruch auf den Titel eines Lord Sackville, seinen Namen aber 1770 geändert, weil ihm Lady Betty Germain unter dieser Bedingung einen großen Besitz und 20 000 Pfund Sterling vererbte. Dieser große und stattliche Mann verbarg sein Unwissen oft hinter seinem prahlerischen und bombastischen Redestil, doch seine Unfähigkeit war offensichtlich. Er hatte sich beispielsweise 1775 nicht klargemacht, dass der St.-Lorenz-Strom im Winter gefroren ist, weshalb vier für General Carleton in Quebec bestimmte Schiffsladungen Proviant nicht geliefert werden konnten.

Er war nicht nur schlecht informiert, sondern auch unbeliebt, denn er hatte in der Schlacht von Minden am 1. August 1759 schändlicherweise den Befehl des Oberstkommandierenden, die sich zurückziehenden Franzosen anzugreifen, nicht befolgt. Das Militärgericht hatte ihn schuldig gesprochen und für ungeeignet befunden, Seiner Majestät in irgendeiner militärischen Befugnis zu dienen. So in Ungnade gefallen, hatte er sich etwa fünfzehn Jahre lang auf seinen Familienbesitz zurückziehen müssen. Allmählich schmeichelte er sich wieder in die Vorzimmer der Macht ein, indem er wissen ließ, wie entschieden er sich für die Unterdrückung der Rebellion in Amerika einzusetzen bereit war. Die Jahre der Isolation hatten ihn verbittert und rachsüchtig gemacht; jetzt wollte er die Menschen so weit manipulieren, dass er, einmal an der Macht, privat eine ganze Armee organisierte, um dort bleiben zu können.

Diesem Lord George stattete Thompson Ende April 1776 einen Besuch ab, bei dem er sich ihm als einflussreicher Loyalist vorstellte, der über neueste Informationen über die Vorgänge in Amerika verfügte. Sein Vortrag erhielt Gewicht durch eine Empfehlung des Gouverneurs von New Hampshire, John Wentworth, und durch einen Brief von General Howe, der lautete: »Herr Benjamin Thompson war gezwungen, einen ansehnlichen Besitz in der Provinz von New Hampshire zu verlassen, von dem er durch Verfolgung und schwere Misshandlungen grausam vertrieben wurde, und zwar wegen seiner Loyalität und seiner treu ergebenen Bemühungen, das Gesetz zu unterstützen und der Regierung zu dienen. Er musste in Boston

Schutz suchen, wo er sich ebenso wie auf dem Land bemüht hat, dem Dienst Seiner Majestät nützlich zu sein, und ist deshalb als jemand zu sehen, der Schutz und Wohlwollen verdient.«[4]

Die Begegnung war für beide äußerst vorteilhaft. Thompson lieferte Germain genaue Informationen über den Fortgang des Krieges, die bis dahin schmerzlich vermisst worden waren, und Germain verschaffte Thompson den Zugang zum innersten Kreis der englischen Gesellschaft, wo er beträchtlichen Einfluss ausüben konnte. Thompson war wieder einmal zur rechten Zeit am rechten Ort. Die beiden Männer, der dekadente alte Aristokrat und der gerissene junge Emporkömmling und Bauernsohn, verstanden sich auch persönlich ausgezeichnet.[5]

Germain nahm Thompson in den Kreis seiner Begleiter auf und überschüttete ihn geradezu mit Sympathiebeweisen. So lud ihn er oft in seine Stadtwohnung und auf seinen Landsitz Stoneland Lodge ein. Thompson wurde ein enger Freund der Familie – auch, Gerüchten zufolge, seiner Frau und Töchter. Man munkelte sogar von einer homosexuellen Beziehung zwischen den beiden Männern. Die gab es wahrscheinlich nicht, das Gerücht zeigt aber, wie sehr die beiden Männer abgelehnt wurden.

Sie waren einander jedenfalls sehr nützlich. Germain schrieb am 15. Dezember 1776 an George III., die »Loyalität, Integrität und Fähigkeiten unseres vertrauenswürdigen und hoch geschätzten Benjamin Thompson«[6] empfehle ihn als Sekretär für die Provinz Georgia, und Thompson erhielt prompt dieses unbedeutende Ehrenamt mit einem ansehnlichen Jahresgehalt von hundert Pfund, das ihn ans Kolonialamt band und zeigte, wie viel Vertrauen Germain zu seinem Verbündeten hatte. Es ist nicht klar, was Thompson in seinem neuen Amt tat, denn obwohl er gewöhnlich ein eifriger Briefschreiber war, liegt uns aus den Jahren zwischen 1776 und 1780 nur sehr wenig Korrespondenz vor. Thompson bemühte sich jedoch sehr, das Los anderer loyaler Flüchtlinge zu erleichtern. Viele von ihnen waren in der Meinung nach England gekommen, dass sie dort nur vorübergehend bleiben würden, und erwarteten von der Regierung eine Entschädigung für die Verluste, die sie wegen ihrer Königstreue hinnehmen mussten. Stattdessen beschuldigte man sie, nicht mehr getan zu haben, um die Rebellion von vornherein zu verhindern.

Thompson hatte die Aufgabe, die Ansprüche der Flüchtlinge zu beurteilen, aber der Versuch, ihnen zu helfen, zeigte wenig sichtbaren Erfolg. Einer von jenen, die Heim und Familie zurücklassen mussten, war Samuel Curwen, der in Salem Richter und Einfuhrkontrolleur der Kronprovinz gewesen war, als Thompson dort als Verkäufer arbeitete. Curwen erhielt schließlich eine Abfindung von hundert Pfund und eine jährliche Pension in dieser Höhe. Er nennt Thompson in seinen Tagebüchern »einen Höfling, der mir nie sympathisch war.«[7] Auch Dr. Jeffries, der 1785 zusammen mit François Blanchard als Erster den Ärmelkanal mit einem Ballon überquerte, bat, wie er in seinem Tagebuch schrieb, Thompson um Hilfe, fand aber, dass der viel mehr an seiner Frau interessiert war als an seinen Ansprüchen auf Wiedergutmachung.

Thompsons Posten des Sekretärs der Provinz Georgia war offensichtlich nicht besonders beschwerlich, denn in seiner Mußezeit konnte er wieder sein Interesse am Schießpulver, das ihn schon lange fasziniert hatte, beleben. Er hatte in seiner Jugend – erfolglos – versucht, mit dem schwarzen Pulver ein Feuerwerk auszurichten, und schrieb einmal, dass »keine menschliche Erfindung, von welcher wir irgend authentische Nachrichten besitzen, vielleicht die Buchdruckerkunst ausgenommen, … so wichtige Veränderungen in der bürgerlichen Gesellschaft hervorgebracht [hat] als die Erfindung des Schießpulvers.«[8] Vermutlich angeregt durch seine Gespräche mit Germain über militärische Probleme, führte er in Stoneland Lodge eine Reihe wichtiger Experimente durch, bei denen ihm Reverend Ball, der wissenschaftlich interessierte Pfarrer von Withyham, half.

Zunächst versuchte er, die verbreitete Ansicht zu widerlegen, dass feuchtes Schießpulver in Gewehren etwas wirksamer sei als trockenes. Dem lag der Gedanke zugrunde, dass die beim Ex-

Rumfords Zeichnung seiner Éprouvette, des Prüfgeräts, das er im Kutscher-haus des Lord George Germain einrichtete.

plodieren des feuchten Pulvers entstehende Wärme das Wasser in Dampf verwandelt und die sich daraufhin ergebende große Zunahme an Volumen den Druck im Gewehrlauf weiter verstärkt. Thompson überprüfte das, indem er Luftblasen von Fischen mit unterschiedlich viel Wasser füllte und mit dem Schießpulver in Patronen einsetzte, mit denen er Pistolenkugeln auf ein zwei Meter entferntes Eichenbrett schoss. Dann maß er die Eindringtiefe der Kugeln in das Brett und den Rückstoß der Pistole und fand, dass beide umso geringer waren, je mehr Wasser die Patrone enthielt. Er fand eine ähnliche Beziehung, wenn er statt Wasser andere Flüssigkeiten wie Alkohol, Terpentin und Quecksilber nahm.

Thompson wandte seine Aufmerksamkeit dann der Verbesserung seiner Methode der Kraftmessung zu, indem er statt auf ein Eichenbrett auf ein frei schwingendes Pendel zielte. Das war die Weiterentwicklung eines Verfahrens, das 1742 von Benjamin Robins, einem Mathematiklehrer und Verfasser eines Buchs über neuartige Prinzipien der Schießlehre, angewandt und 1778 von Charles Hutton, Mathematikprofessor an der Königlichen Militärakademie in Woolwich, verbessert worden war. Thompson benutzte sowohl ein frei schwingendes Gewehr als auch ein frei schwingendes Pendel und maß ihre Bewegung mit Hilfe angeklebter Papierstreifen. Er benutzte diese Éprouvette beispielsweise dazu, die »bestmögliche Stellung des Zündlochs bei Schusswaffen experimentell zu ermitteln, die Geschwindigkeit der Kugeln sowie den Rückstoß zu bestimmen und die Geschwindigkeit der Explosion des Pulvers und seine Kraft zu messen«. Thompson fasste seine Ergebnisse in einer Arbeit von 99 Seiten zusammen, die 1778 unter dem Titel ›New Experiments upon Gunpowder‹ in den ›Philosophical Transactions of the Royal Society‹ erschien.

Die Arbeit wurde kritisiert, weil sie die frühere Arbeit von Robins und Hutton kaum oder gar nicht erwähnte, aber wegen ihres wissenschaftlichen Wertes wurde Thompson 1779 zum Mitglied der Royal Society, der 1660 gegründeten Gelehrtengesellschaft Englands, gewählt. Die Mitgliedsurkunde nennt ihn einen Mann, »der gewandt ist im Umgang mit dem Wissen von der Natur und vielen Zweigen der gehobenen Gelehrsamkeit«.[9] Auf diese Ehrung konnte Thompson mit Recht stolz sein: Er war erst 27 Jahre alt, als er seinen Namen mit dem Zusatz FRS (Fellow of the Royal Society) zieren durfte. Die Mitgliedschaft brachte ihn durch die Bekanntschaft mit dem Präsidenten der Gesellschaft, Sir Joseph Banks, in Berührung mit einflussreichen Wissenschaftlern. Übrigens hat das heute zur Überprüfung der Kraft von Explosivstoffen verwendete ballistische Pendel große Ähnlichkeit mit dem von Robins, Hutton und Thompson verwendeten Apparat.

Thompson konnte seine Erfahrung im Geschützwesen im Sommer 1779 erweitern, als Lord Germain dafür sorgte, dass er drei Monate an Bord der ›Victory‹ mit der von Sir Charles Hardy kommandierten britischen Kanalflotte verbringen durfte. Offiziell sollte Thompson das Abfeuern schwerer Geschütze beobachten, und er schrieb, er habe Gelegenheit gehabt, »zahlreiche interessante Feststellungen zu machen, die mir manches Neue über die Wirkungsweise des explodierenden Schießpul-

HMS Victory (gezeichnet von Neil Shearer).

vers sagten«.[10] Wir haben jedoch keine genauen Berichte über seine Versuche und Entdeckungen – was die Ansicht glaubwürdig macht, dass seine Hauptaufgabe wenig mit Geschützen zu tun hatte.

Seit 1778 die Franzosen und 1779 die Spanier England den Krieg erklärt hatten, führte Germain mit dem Ersten Lord der Admiralität, dem Earl of Sandwich, seinen eigenen Krieg um die Kontrolle über die Marine, die in keiner guten Verfassung war. Es war deshalb in Germains Interesse, möglichst viel Informationen zu erhalten, die ihm helfen konnte, Sandwich in Verlegenheit zu bringen – was vielleicht nicht schwierig war, da er wie Wilkes zum berüchtigten Hell-Fire-Club gehörte. Wahrscheinlich also sammelte Thompson im Sommer 1779 Informationen und spielte wieder einmal das altvertraute Spiel des Spions.

Thompson nahm in seinem kritischen und detaillierten Bericht für Germain kein Blatt vor den Mund. Er bezweifelte nicht die Tapferkeit der einzelnen Kommandanten, hielt sie aber für töricht und unfähig. Nicht untypisch ist eine Bemerkung wie: »Ich rufe Gott und den Himmel zu Zeugen an, dass es mich schmerzt, Ihnen zu sagen, dass Sir Charles Hardy meiner Meinung nach nicht geeignet ist, diese große Flotte zu befehligen.«[11] Er kritisierte auch viele der Vorgehensweisen. So führte ein Fehler beim Zeichengeben mit Signalflaggen dazu, dass der Flotte, die sich eigentlich aufreihen sollte, tatsächlich der Zahltag angekündigt wurde.

Solche Inkompetenz veranlasste Thompson schließlich dazu, selbst einen Code für Marinesignale auszuarbeiten, aber die Einzelheiten wurden nie veröffentlicht, und so wurde nichts daraus. Auch seine Pläne für eine neue Art Fregatte, die 250 Mann und vierzig Kanonen tragen sollte, wurden niemals verwirklicht. Wenn man der kritischen Darstellung der grausigen Vorgänge in der Marine Glauben schenken kann, war es ein Glück, dass die britische Flotte dem französischen und spanischen Feind nur kurz begegnete und Hardy so rasch wie möglich in die Sicherheit britischer Häfen flüchtete. Es wurde sogar berichtet, die

Mannschaft auf dem Schiff des Admirals John Ross habe die Büste von König George mit ihren Kleidern verhüllt, »damit er nicht mit ansehen musste, wie eine englische Flotte ihren eigenen Kanal entlanggejagt wurde«.[12]

Thompsons Fortkommen jedoch schien unaufhaltsam; Ende 1779 wurde er von dem in Charlestown, Südkarolina, stationierten Generalinspekteur der Provinzstreitkräfte, Colonel Alexander Innes, zum Bevollmächtigten ernannt, als der er die gesamten britischen Streitkräfte in den Kolonien mit Kleidung und Ausrüstung zu versorgen hatte. Thompson kaufte die Uniformen (oder den Stoff, aus dem sie hergestellt werden sollten) in London und verkaufte sie der Armee in den Kolonien zum besten Preis, den er aushandeln konnte. Bei diesem höchst spekulativen Unterfangen verdiente Thompson zum ersten Mal in seinem Leben viel Geld, denn er machte sich die Tatsache zunutze, dass die für diese Uniformen überwiegend verwendete Seide hygroskopisch ist, also etwa zehn Prozent ihres Gewichts an Feuchtigkeit aufnehmen kann. Dadurch wogen fünfzig Kilogramm in London gekaufte trockene Seide nach der Reise über den Atlantik 55 Kilogramm. Mit dem Kauf und Verkauf von Seide nach Gewicht ließ sich also viel Profit machen.

Die Verfahren der Abrechnung waren nicht sehr streng, und außerdem war es selbstverständlich, dass jeder, der die Möglichkeit dazu hatte, einen Vorteil daraus zog. Thompson versuchte, seinen Anteil am Kuchen weiter zu vergrößern, indem er eine neue Methode der Buchhaltung vorschlug; deshalb jedoch beschuldigte Innes ihn der Korruption. Thompson nutzte seine wissenschaftlichen Kenntnisse allerdings auch zur Suche nach Möglichkeiten, Seide vor Verschleiß zu schützen.

Einer seiner Kritiker berichtete, Thompson habe im Jahr 7000 Pfund verdient, aber darüber regten sich wohl nur wenige auf. Jedenfalls wurde er im September 1780 zum Unterstaatssekretär für die Kolonien ernannt, wodurch er an vielen wichtigen Entscheidungen beteiligt wurde und im Einzelnen viel Verwaltungshoheit erhielt. Die Anzeichen sprechen dafür, dass er viel versprach, aber wenig erreichte, und dass er in einigen Fällen gegenüber Menschen, die er nicht mochte, geradezu rachsüchtig handelte.

Einer von ihnen war Henry Laurens, den der Kontinental-kongress, dessen Präsident er gewesen war, im August 1780 nach Holland gesandt hatte, um mit der holländischen Regierung außer über ein hohes Darlehen auch über die weitere Nutzung ihrer Schiffsvorräte und den Zugang zu den Häfen im holländischen Westindien zu verhandeln. Zu seinem Pech wurde sein Schiff vor Neufundland von einem britischen Kriegsschiff gekapert. Der des Hochverrats angeklagte Laurens wurde in den Londoner Tower gesperrt und ausgesprochen schlecht behandelt, während Thompson die Anhörung seines Falls verzögerte; als es endlich zur Verhandlung kam, musste Laurens in einer Sänfte zum Gericht getragen werden. Dieser Vorfall war einer der Gründe für die Entscheidung Englands, Holland 1780 den Krieg zu erklären.

Aber auch Thompsons Tage in England waren gezählt. Der Krieg in Amerika stand nicht gut für die Briten, und seine Fortsetzung erforderte hohe Steuereinnahmen. Die Regierung war so unbeliebt, dass George III. das Parlament auflöste und für den 1. September 1780 Neuwahlen ansetzte, bei denen die alte Regierung eine Mehrheit von nur sechs Stimmen erreichte. Der Ausgang war klar, und die Politiker und ihre Helfershelfer begannen, an ihre Zukunft zu denken. Lord Germain war das unpopulärste Mitglied der Regierung, deshalb war Thompsons Position besonders gefährdet. Da er zu dieser Zeit ein beträchtliches Vermögen angesammelt hatte, konnte er sich einen Posten in der Armee kaufen und im Februar 1781 gegen Bezahlung von 4500 Pfund zum Oberstleutnant des von ihm zu rekrutierenden Königlichen Amerikanischen Dragoner-Regiments ernennen lassen.

Das Regiment umfasste schließlich 366 Mann, die Thompson zunächst im Wesentlichen aus eigener Tasche anwarb, wobei die Regierung für jeden neuen Rekruten eine Prämie von drei Guineen zuzahlte. Die Auflagen waren streng: Die Offiziere mussten gebildet und in Amerika einflussreich sein und wegen ihrer Loyalität finanziellen Schaden gehabt haben, und nicht von der Marine oder einer anderen Armeeeinheit abgeworben werden. Thompson durfte das Regiment jedoch an den König oder seine Minister »vermieten«, und wenn die Dienste des Regiments nicht mehr benötigt wurden, stand den noch verbliebenen Offizieren für den Rest ihres Lebens das halbe Gehalt zu.

Thompson beauftragte Captain Daniel Murray, nach New York zu reisen und mit dem Anwerben zu beginnen, während er als Unterstaatssekretär in London blieb. Im Sommer 1781 aber gab er ganz unerwartet seinen Posten auf, den er erst weniger als ein Jahr innegehabt hatte, und segelte am 7. Oktober mit der ›Rotterdam‹ von England ab. Er wollte nach New York, um Murray zu treffen, aber widrige Winde brachten das Schiff vom Kurs ab, und es landete erst am 29. Dezember in Südkarolina. Thompsons plötzliche Abreise war geheimnisumwittert und insofern für ihn untypisch, als er nicht gut darauf vorbereitet war. Seine Angelegenheiten beispielsweise waren in ziemlicher Unordnung und mussten von John Fisher, einem Freund aus den Tagen in Salem, geregelt werden, den Thompson zu seinem Nachfolger als Unterstaatssekretär gewählt hatte. Fisher musste einen Teil von Thompsons Besitz verkaufen, um unbezahlte Rechnungen von Händlern zu begleichen, und auch die Zahlungen einstellen, die Thompson der Frau des Waffenmeisters seines Regiments, zweifellos für erhaltene Dienste, leistete.

Eine mögliche Erklärung für Thompsons übereilte Abreise ist die, dass er in einen Spionageskandal verwickelt war, bei dem man den Franzosen Francis Henry de La Motte im Besitz genauer britischer Marinepläne gefunden hatte. La Motte wurde schuldig gesprochen und mit einigem Pomp in aller Öffentlichkeit gerädert und geviertelt. Seine Informationsquelle, die niemals wirklich nachgewiesen wurde, wurde in der Verhandlung als ein »Freund in einem gewissen Ministerium«[13] bezeichnet, und es gab einige, die meinten, dies sei Benjamin Thompson gewesen.

Thompsons Leben, niemals ein stiller Fluss, war turbulent geworden und wurde nach der Landung in Amerika nicht viel ruhiger, denn die Kriegssituation war für die Engländer sehr schlecht. In Yorktown wurde ein von Lord Cornwallis befehligtes Heer von 8000 Mann von der 16 000 Mann starken Armee des General Washington besiegt und an der Flucht zu See gehindert, weil die britische Marine die französische Seeblockade nicht durchbrechen konnte. Cornwallis musste sich am 19. Oktober ergeben. Als Lord Germain dem Premierminister diese schlechte

Benjamin Thompson im Alter von dreißig Jahren.

Nachricht am 25. November überbrachte, lief Lord North einige Minuten lang mit ausgebreiteten Armen im Zimmer umher und schrie wie wild: »O Gott – alles ist vorbei.«[14] Und das war es praktisch auch. Germain trat im Februar 1782 zurück, nachdem ihn George III. eher widerwillig zum Viscount Sackville von Drayton ernannt hatte. Im Oberhaus wurde er genauso feindselig behandelt wie früher im Unterhaus. Am 20. März löste Lord Rockingham Lord North als Premierminister ab.

Durch den Aufenthalt in Charleston verzögerte sich Thompsons Ankunft in New York bis zum 11. April, denn sein Schiff war einfach ohne ihn abgefahren, und er musste die nächste Gelegenheit abwarten. Thompson hielt das wohl zu Recht für ein »geplantes Versehen« – die vielen lauten artilleristischen Versuche, die er mit den zu diesem Zweck mitgeführten vier leichten Geschützen durchgeführt hatte, mussten der Mannschaft auf die Nerven gegangen sein.[15] In New York angekommen, kümmerte er sich um die vollständige Rekrutierung seines Regiments, was durch den aus britischer Sicht verheerenden Stand der Dinge erschwert war. Thompson bot jedoch großzügig jedem neu angeworbenen Mann zehn Guineen und übernahm die Reste anderer Regimenter, etwa der Queens Rangers. Am 1. August waren die Königlichen Amerikanischen Dragoner kampfbereit. Der dreißigjährige Kommandant schrieb stolz, seine Truppen gehörten zu »den Assen der Armee«[16], und er würde »sich nicht schämen, sie im Hyde Park vorzuführen«.[17] Das Regiment hatte die Ehre, die Regimentsfahne aus den Händen des dritten Sohns des Königs, des sechzehnjährigen Prinzen William Henry (später König William IV.), übernehmen zu dürfen. Zur Feier dieses Tages wurde ein Ochse am Spieß gebraten.[18]

Bei ihrer ersten Kriegshandlung am 27. September in Lloyd's Neck, acht Kilometer von Huntington und 65 km von New York entfernt, beseitigten die Dragoner alle etwa bestehenden Zweifel an ihrer Einsatzbereitschaft, indem sie das Fort evakuierten und die Vorräte wegschafften, bevor sie ihr Hauptquartier in Huntington aufschlugen. Thompson betonte in Briefen, die er weiterhin an Sackville schrieb, immer wieder die Qualität seines Regiments – aber die Ortsansässigen erzählten eine andere Geschichte. Sie berichteten, dass Thompson die Baracken für seine Männer neben der Kirche auf dem Friedhof aufstellen ließ und sein Zelt absichtlich über dem Grab des Pfarrers Ebenezer Percy aufschlug, einem bekannten Befürworter der Freiheit Amerikas, damit er »dem verdammten alten Rebellen jedesmal, wenn er das Zelt betrat oder es verließ, auf den Kopf treten konnte«.[19]

»Und so«, berichtet der ›Butt‹ bei Günter Grass, »sieht seine einzige Heldentat aus: auf dem Friedhof in Huntington läßt er ein Fort bauen. Grabsteine sind ihm Baumaterial. Sogar der Backofen für die Kommißbrote wird aus Grabsteinen gemauert, so dass die in Stein gehauenen Namen der Verstorbenen später in spiegelverkehrter Reliefschrift die frischgebackenen Brote Josiah Baxter, John Miller, Timothy Vanderbilt oder Abraham Wells nennen.«[20] Kein Wunder, dass die Dörfler in Thompson den verkörperten Teufel sahen und sein Lager Fort Golgatha nannten. Er machte sich auch nicht dadurch beliebt, dass er mit zwei englischen Dienern, sechs Pferden und einem farbigen Stallburschen in großem Stil lebte und den größten Teil seiner

Zeit mit der Jagd nach Rotwild verbrachte oder in seinem eigenen Zweispänner über Land fuhr. All dies waren Anzeichen dafür, wie weit es mit dem Krieg gekommen war. Großbritannien und die USA hatten am 30. November 1782 einen Friedensvertrag unterzeichnet, der erst am 3. September 1783 rechtskräftig wurde, als England sich mit Frankreich, Spanien und Holland geeinigt und den Vertrag von Paris unterzeichnet hatte, der den achtjährigen Krieg beendete. Alle Seiten waren kriegsmüde. Die Rebellen, die den Idealen der am 4. Juli 1776 von den dreizehn Kolonien unterzeichneten Unabhängigkeitserklärung treu geblieben waren, hatten gewonnen. Die Vereinigten Staaten von Amerika wurden anerkannt, der Mississippi und die Großen Seen als Westgrenzen festgelegt, und der gelegentlich sehr schmerzhafte Prozess der Errichtung eines demokratischen Regierungssystems nahm seinen Anfang. Es war nicht einfach, die Wahrheiten zu gewährleisten, die, wie die Unabhängigkeitserklärung sagt, »keines Beweises bedürfen«, dass also »alle Menschen gleich geschaffen sind«, und dass sie »von ihrem Schöpfer mit gewissen unveräußerlichen Rechten ausgestattet« sind, zu denen »Leben, Freiheit und das Streben nach Glück gehören«. Jene, die George III. treu geblieben waren, wurden nicht gut behandelt. Schätzungsweise 80 000 Menschen mussten emigrieren oder in die Verbannung schicken lassen. In einigen Staaten dauerte es sogar zehn Jahre, bis alle Gesetze gegen die Königstreuen widerrufen waren. Die englischen Staatsschulden waren um hundert Millionen Pfund gewachsen, und die Französische Revolution stand vor der Tür.

Graf Rumford als Staatsmann in Bayern

Das Ende des Unabhängigkeitskrieges bedeutete für Thompson, dass er, wie viele andere auch, über die Zukunft nachdenken musste. Er war erst dreißig Jahre alt und hatte sich einen gewissen Ruf als Staatsmann, Wissenschaftler, Soldat und Spion erworben. Was sollte er als Nächstes tun? Am aussichtsreichsten schien ihm das Soldatenleben zu sein. Er hatte jede Gelegenheit wahrgenommen und sogar falsche oder unverschämt übertriebene Behauptungen verbreitet, um jeden wissen zu lassen, welch ein guter Soldat er war, und hätte sich mit seinen Königlichen Amerikanischen Dragonern gern nach Westindien, Neuschottland oder Indien senden lassen. Aber sein Vorschlag wurde dankend abgelehnt. Thompson war entschlossen: »Wenn es irgendwo einen Krieg gibt«, so schrieb er an Major Murray, »werde ich in ihm kämpfen, auf der einen Seite oder der anderen, egal welche es ist.«[1] Er suchte die Welt nach Krisenherden ab, und da das Schreckgespenst eines Doppelkrieges drohte, weil einerseits Österreich und Preußen um die Vormacht im Deutschen Reich rangen und andererseits ein neuer Türkenkrieg unter Russlands Führung nicht auszuschließen war, wählte er schließlich das zentrale Wien als Reiseziel.

Thompson bereitete seine Reise auf den Kontinent sorgfältig vor. Er ließ seine alten Verbindungen spielen und sich, obwohl er nur etwa sechzehn Monate gedient hatte, zum Oberst befördern und unmittelbar darauf pensionieren, was ihm sein Leben lang das halbe Offiziersgehalt garantierte. Außerdem ließ er sich in voller Montur von Thomas Gainsborough porträtieren und verschaffte sich von Lord North und William Fraser, seinem Nachfolger als Unterstaatssekretär, Empfehlungsschreiben an Sir Robert Murray Keith, den englischen Botschafter in Wien. Er kaufte sich drei schöne Vollblutpferde, stellte einen Diener und einen Pferdeknecht ein und machte sich in ihrer Begleitung mit wenig Französisch- und gar keinen Deutschkenntnissen am 17. September 1783 in Dover auf den Weg. Mit demselben Boot reisten der des Hochverrats beschuldigte Henry Laurens, der in seiner einjährigen Gefangenschaft auch durch Thompson schwer zu leiden gehabt hatte und jetzt gegen Lord Cornwallis ausgetauscht wurde. Ebenfalls an Bord war der berühmte Historiker Edward Gibbon, der von dieser Überfahrt erzählt und offenbar Thompsons Vielseitigkeit erkannt hatte, denn er nannte ihn in seinem Tagebuch »Herr Staatssekretär, Oberst, Admiral und Philosoph Thompson«. Die Überfahrt war sehr turbulent – fast jeder war seekrank, und das Schiff musste in Boulogne landen statt in Calais.

Thompson reiste weiter nach Straßburg, wo er, möglicherweise nicht ganz zufällig, gerade an dem Tag eintraf, an dem Prinz Maximilian Joseph von Pfalz-Zweibrücken, Oberst im Regiment d'Alsace und Garnisonskommandant, seine Truppen inspizierte. Vielleicht wieder nicht ganz zufällig fiel dem Prinzen unter den Zuschauern der vornehme englische Oberst auf, der in voller Uniform auf einem schönen Hengst saß. Jedenfalls ließ er ihn sich vorstellen, und als er herausfand, dass das Regiment des Prinzen wie das Seine im amerikanischen Unabhängigkeitskrieg gekämpft hatte, wenn auch auf gegnerischen Seiten, führten die gemeinsamen Interessen bei einem Essen und beim Studium von Thompsons Generalstabskarten zu lebhaften Gesprächen zwischen den Offizieren und zu einer lebenslangen Freundschaft zwischen Thompson und dem fast gleichaltrigen Prinzen.[2] Dieser junge General schlug ihm vor, die Reise nach Wien in München zu unterbrechen, und gab ihm ein herzliches Empfehlungsschreiben an seinen Onkel, den pfalzbayrischen Kurfürsten Karl Theodor mit.

Thompson folgte dem Vorschlag und blieb statt der geplanten zwei sogar fünf Tage in München. »An den deutschen Höfen«, schrieb der damalige Akademiepräsident Heigel 1914, »stand damals noch der Ausländerkultus in voller Blüte. Es ist die Zeit der Milfords und Orsinas, für deren Gunst die deutschen Landesherrn, wie der junge Schiller höhnt, die Quellen des heimatlichen Bodens im Bogen gen Himmel springen und das Mark der Untertanen in einem Feuerwerk verpuffen ließen.«[3]

Auch bei Karl Theodor galt die Devise: Indulge genio! nur für Ausländer.[4] Der Kurfürst bat Thompson schon nach wenigen Unterredungen, in den Staatsdienst einzutreten und die Verwaltung zu reformieren. Der zögerte und reiste nach Wien weiter, wo er Anfang 1784 ankam, die Absicht, seine Militärkarriere zu fördern, jedoch vereitelt sah, weil alles unerwartet friedlich war. Thompson versuchte zunächst, mit Reisen nach Venedig und Triest Zeit zu gewinnen, bis sein Leben dann in Wien eine entscheidende Wendung nahm. Er habe es, so schrieb er einem Freund, »einem wohlwollenden Gott zu danken«, wenn er rechtzeitig von seinem »kriegerischen Wahnsinn geheilt« worden sei,[5] als er im Hause des Fürsten Kaunitz der siebzigjährigen Gattin des Generals Burghausen begegnete, einer »Dame von bewundernswertem Geist und großer Lebensweisheit«. »Diese großartige Frau schloss mich in ihr Herz; sie gab mir den klügsten Rat, lenkte meine Gedanken in eine neue Richtung und öffnete mir die Augen für andere Möglichkeiten des Ruhms als den durch Sieg auf dem Schlachtfeld.«[6]

Ohne weiteres Zögern nahm Thompson das Angebot des Kurfürsten an, der ihn zu seinem Leibadjutanten und Mentor seines außerehelichen Sohnes Graf Bretzenheim[7] bestellte, und fuhr so schnell wie möglich nach England, um sich vom englischen König die Erlaubnis zum Eintritt in bayerische Dienste zu erbitten. Es spricht wohl für seinen beträchtlichen Einfluss und seine Überredungskunst, dass er die Erlaubnis nicht nur erhielt, sondern sogar zum Ritter geschlagen wurde.

Möglicherweise kam es der englischen Regierung sehr gelegen, einen Vertrauensmann in München zu wissen, denn England verfolgte mit Argwohn die Tauschpläne Karl Theodors, der gern einen Teil Bayerns gegen die österreichischen Niederlande eingehandelt hätte, um Herrscher eines neuen Königsreichs Burgund zu werden. Diese Pläne, von denen der letzte erst 1784 zerstört wurde, hätten die zerstückelte Pfalz zu einem ansehnlichen Staat gemacht und waren Österreich willkommen, trafen aber in Bayern auf großen Widerstand. Natürlich standen *Sir* Benjamin am Hof Türen offen, die *Mr.* Thompson verschlossen geblieben wären. Jedenfalls konnte er rasch eine Beziehung zu Gräfin Baumgarten aufnehmen, einer immer noch einflussreichen »abgelegten Mätresse« des Kurfürsten.

Diese Verknüpfung von Ehrung und Sondermission erinnert an Thompsons Begegnung mit Gouverneur Wentworth in New Hampshire elf Jahre zuvor. Kam es zu Thompsons Ritterschlag, weil Thompson eine so anziehende Persönlichkeit war, oder ist das Schicksal wirklich den Tapferen hold? Sicherlich spielte Thompsons egoistische Selbstdarstellung eine Rolle, die sich oft weit von der Wahrheit entfernte. Die Urkunde zu seinem Ritterschlag besagt, er sei Oberst in einem Milizregiment in New Hampshire gewesen und Thompson Island, die Insel an der Hafeneinfahrt von Boston, habe seinen Vorfahren gehört. Beide Behauptungen sind unzutreffend, aber es belegt, dass für Thompson alles möglich war, wenn Edward Winslow – ein Freund von Major Murray – zu dessen Erhebung in den Adelsstand bemerkt: »Gut gemacht, Sir Benjamin! Das Nächste, was wir hören werden, wird wahrscheinlich sein, dass er einen Ballon bestiegen hat, aus Bayern abgeflogen und Chefingenieur der Königin der Lüfte geworden ist.«[8]

Möglicherweise gehörte zu der Abmachung mit England auch, dass Thompson alle Informationen, die er in Mitteleuropa erhalten konnte, an Sir Robert Keith in Wien weitergeben sollte. Deshalb wurde verabredet, dass die beiden Männer sich mit der Handschrift des anderen vertraut machen und Briefe mit Geheimnachrichten unsigniert an ihre Bankiers leiten sollten. Sir Keith argwöhnte jedoch bald, dass Thompson sich nicht an seinen Teil der Verabredung hielt, denn der leugnete jede Kenntnis von den Tauschplänen. Keith beauftragte deshalb Thomas

Warpole, den offiziellen britischen Botschafter in Bayern, Thompson zu überwachen, und der überwarf sich schon bald mit ihm. Vermutlich wollte Thompson das Vertrauen Karl Theodors nicht aufs Spiel setzen. Die Quellenlage ist sehr ungenau, aber anscheinend betraute der Kurfürst Thompson mit diplomatischen, militärischen und hauspolitischen Sondermissionen.[9]

Der heutige Freistaat Bayern war Mitte des 18. Jahrhunderts einer der vielen unabhängigen Staaten des Heiligen Römischen Reiches Deutscher Nation, das Karl der Große im Jahr 800 durch Eroberungen gegründet hatte und das einmal fast ganz Mittel- und Westeuropa erfasste. In dem heute deutschsprachigen Gebiet waren Österreich und Preußen die beiden größten Staaten. Außer den größeren Staaten wie Bayern, Sachsen und der zerstückelten Pfalz gab es viele Kleinstaaten wie Braunschweig, Gotha, Anhalt, Baden, Mecklenburg, Ansbach und freie Reichsstädte wie Köln, Mainz und die Hansestädte.

Als Kurfürst Maximilian III. Joseph von Bayern am 30. Dezember 1777 ohne leiblichen Erben gestorben war, wurde der nächste Verwandte, der pfälzische Kurfürst Karl Theodor, auch bayerischer Kurfürst. Dieser kunstsinnige Fürst[10] hatte in der Pfalz viel für die Verbesserung der Zustände und insbesondere für die Verschönerung von Mannheim getan, brachte aber für Bayern nur wenig Interesse auf. Der damals 53-jährige, früher charmante, im Alter etwas apathische Karl Theodor war einerseits recht festgefahren, ließ sich andererseits jedoch von seinen Mätressen und Verwandten beeinflussen und über seinen Beichtvater Ignaz Frank, bis zur Auflösung des Ordens 1773 Jesuit, von der katholischen Kirche beherrschen. »Der Mannheimer« zog nur widerwillig von seiner geliebten Pfälzer Hauptstadt nach München, fühlte sich zeitlebens in Bayern fremd und war dort als Herrscher weder beliebt noch effektiv. Da er keinen legitimen leiblichen Erben hatte, war der ältere Bruder von Thompsons Freund Max Joseph, Pfalzgraf Karl August von Zweibrücken, der Präsumtiverbe.

Karl Theodor war vermutlich froh, mit Thompson einen militärisch erfahrenen und unabhängigen Mann an der Seite zu haben, der als amerikanischer Loyalist und britischer Offizier über jeden Verdacht erhaben war, zu den radikalen Aufklärern zu gehören, die in dem erst um 1784 aufgedeckten und 1785 verbotenen Geheimbund der Illuminaten erfolgreich subversiv tätig waren. Er ernannte Thompson zum Oberst der Kavallerie und riet ihm, nachdem aus Reiseplänen des Grafen Bretzenheim nichts wurde, sich im Land umzuschauen und die deutsche Sprache zu lernen.[11] Er stellte ihm in der Residenz des russischen Botschafters im eleganten Palais Königsfeld in der Schwabinger Gasse, heute Theatinerstraße 9, den ersten Stock zur Verfügung, und Sir Benjamin verbrachte die nächsten vier Jahre mit Eingewöhnen, Kennenlernen und Beobachten. Er zeigte sich beeindruckt von der »freimütigen Herzlichkeit, die ein so hervorragendes Merkmal des bayerischen Volkes ist«,[12] und auch der freie und unkomplizierte Umgang zwischen den Geschlechtern gefiel ihm. Es war fast unvermeidlich, dass er nach Affären mit den Schwestern Gräfin Baumgarten und Gräfin Nogarola bald einen Ruf als Weiberheld hatte. Gräfin Baumgarten, die schöne, etwas rundliche ehemalige Geliebte Karl Theodors, hatte später eine Tochter von Thompson. Die jüngere Schwester war schlank und klug, sah aber nicht besonders gut aus. Sie war ihr Leben lang Thompsons liebevolle Begleiterin, die mit ihm philosophische Gespräche führte und ihm bei seiner Schriftstellerei half.

Die Bayerinnen mochten reizvoll und aufgeschlossen sein, der Staat jedoch war, wie Thompson bald merkte, eher zurückgeblieben. Die Regierung war korrupt, extravagant und inkompetent, die Steuern waren hoch, Handel und Industrie stagnierten, es gab mehr Klöster als Fabriken, das Heer war ein einziges Durcheinander, es gab viel zu viele Verbrechen und viel zu viele Bettler – und anscheinend machte sich niemand etwas daraus. Der französische Reisende Kaspar Risbeck schrieb: »Der hiesige Hof ist in einen so dicken, bunten und strahlenden Schwarm von Ministern, Räten, Intendanten und Kommandanten einge-hüllt, so es sich kaum durchsehen lässt.« Und: Die Adligen wissen »von keiner anderen Verschwendung ihres Geldes, als zu essen, zu trinken, zu h... und zu spielen«.[13]

Als Ausländer und Protestant und als ausgezeichneter Beobachter konnte Thompson unbefangener und vorurteilsfreier bewerten als die in höfischen Traditionen verstrickten »Einheimischen«, und als junger Abenteurer hatte er sicher auch Spaß am Risiko. Offenbar genoss er das volle Vertrauen des Kurfürsten, der ihn 1785 zum Kammerherrn und 1787 zum Geheimen Rat ernannte und seine Pläne geradezu begeistert aufnahm. Der Staat brauchte Reformen, und zum Glück für die allermeisten Menschen damals überließ der Kurfürst Thompson die Durchführung, während er selbst sich in der Hoffnung zurücklehnte, als aufgeklärter und fortschrittlicher Herrscher Ruhm einzuheimsen.

Weil Thompson klar war, dass er nicht alles gleichzeitig tun konnte und er sich keinesfalls mit der Kirche anlegen sollte, wandte er seine Aufmerksamkeit zunächst der Neuorganisation der Armee zu und legte dem Kurfürsten am 7. Februar 1788 ein umfangreiches Memorandum vor, von dem der Göttinger Physiker und Spötter Lichtenberg schrieb: »Was Thompson anstrebt, wird man nur mit Vergnügen und selbst nicht ohne Bewunderung lesen.«[14] Der Kurfürst nahm den Plan bereitwillig, ja begeistert an, ernannte seinen Urheber zunächst zum Oberst, dann zum Kriegsminister im Rang eines Generalmajors und stattete ihn mit allen Vollmachten aus, die seine Aufgabe erleichtern konnten, während sein Vorgänger, Graf Belderbusch, als Militärgouverneur nach Mannheim versetzt wurde. Außerdem kam man überein, dass die Kosten der Reformen im Rahmen des Budgets bleiben sollten.

Thompson war sich, wie er später schrieb, »von vornherein der großen und wichtigen Wahrheit bewusst, dass keine politische Ordnung gut sein kann, die nicht dem Wohl der Allgemeinheit dient. So war es durchaus nötig, Soldaten zu Bürgern und die Bürger zu Soldaten zu machen. Daher wurde die Lage des Soldaten so beschwerdefrei, angenehm und anlockend als möglich gemacht. Sein Sold wurde erhöht, er wurde gehörig und sogar nett gekleidet, und er genoss den Grad von Freiheit, der mit guter Ordnung und wahrem Dienstgehorsam bestehen kann. Deshalb habe ich es unternommen, das Interesse des Soldaten mit dem Interesse der Bürger zu vereinen und das Militär auch in Friedenszeiten dem öffentlichen Wohl dienstbar zu machen.«[15]

In dem Bemühen, die Armee effizient zu organisieren und die Kosten in Grenzen zu halten, ging er das Problem, wie die beiden größten Ausgaben – die Posten für Verpflegung und Bekleidung – zu senken seien, als Naturwissenschaftler an. So kam er zu seinen ganz neuartigen Untersuchungen zur Ernährung, insbesondere zur Massenspeisung, und der Wärmeleitfähigkeit von Kleidungsstoffen.

In Bezug auf die Verpflegung interessierte ihn, wie große Menschenmengen effektiv und effizient ernährt werden können. Thompson war ein früher Vertreter des Fruchtwechsels und setzte sich außer für den Anbau von Kartoffeln für den solcher »neuen« Feldfrüchte wie Rüben und Klee ein. Sein 1796 geschriebener Essay ›Über Speise und vorzüglich über Beköstigung der Armen‹ spricht von »Ernährungswissenschaft« und gibt viele vernünftige praktische Ratschläge zur Zubereitung von Gerichten, die sich auch moderne Köchinnen und Köche zunutze machen könnten.

Um entscheiden zu können, welche Stoffe für die im Zuge seiner Sparmaßnahmen eingeführte neue Armeeuniform gewählt werden sollten, führte Thompson mit dem von ihm entwickelten Passagethermometer Experimente zur Wärmeleitfähigkeit von Stoffen durch. Daraufhin wurden die Sommeruniformen aus Baumwolle und die Winteruniformen aus Wolle hergestellt. Dieser uns selbstverständliche Gedanke war damals neu und traf auf viel Widerstand. Insbesondere widersetzten sich ihm die Uniformschneider, die viele ihrer Gewohnheitsrechte gefährdet sahen, wenn die Uniformen in den Arbeitshäusern geschneidert wurden, um arbeitslosen, aber arbeitsfähigen Menschen Verdienstmöglichkeiten zu bieten.

Die Reform traf überhaupt auf viel Widerstand. Viele Offiziere traten zurück, als sie nicht mehr wie bisher streng disziplinieren durften und ihre Gelegenheiten zum Nebenverdienst beschnitten wurden. Wegen der hohen Kosten wurde Thompson der Misswirtschaft beschuldigt, gegen die er sich in einem Rechenschaftsbericht wehrte, den er dem Kurfürsten am 1. Juni 1792 vorlegte. Eine speziell gegründete Überprüfungskommission unterstützte Thompson zwar, sprach sich aber nicht rückhaltlos für ihn aus; Thompson jedoch widmete seine Aufmerksamkeit schon der zweiten Stufe seines Reformprogramms und beschäftigte sich mit dem alten und leidigen Problem der Bettler.

Er schrieb selbst: »Die Zahl der Bettler von beyden Geschlechtern und allen Altern, sowohl fremde als einheimische, die das Land in allen Richtungen durchstreiften und von den fleißigen Einwohnern drückende Almosen eintrieben, dabey stohlen und raubten und ein faules Leben führten und sich der schaamlosesten Lüderlichkeit überließen, war ganz unglaublich.«[16] Man hat geschätzt, dass damals etwa fünf Prozent der Bayern zum Betteln gezwungen waren, um das äußerste Elend zu vermeiden. In Städten war es fast unmöglich, Bettlern aus dem Weg zu gehen, die oft richtige Gangs bildeten und jeweils Territorien beherrschten. Einige der Männer und Frauen, die zu diesen Mafia-ähnlichen Organisationen gehörten, waren arbeitsfähig, aber unwillig und gaben ihre Tricks von einer Generation zur nächsten weiter. Andere konnten sich möglicherweise damit entschuldigen, dass sie alt oder arbeitsunfähig waren, und oft wurden Kinder zum Betteln gezwungen, die man ihren Eltern entführt und absichtlich verunstaltet oder geblendet hatte, damit sie mehr Mitleid erregten. Obwohl, wie Thompson sagt, »dieses lästige Ungeziefer an allen Orten umherschwärmt«[17] und allmählich als unvermeidbares Übel akzeptiert worden war, hatte Thompson den Mut, diesem »Geschwür« den Krieg anzusagen; auch dieses Reformprogramm fand die Unterstützung des Kurfürsten.

Thompsons einzigartiges soziales Experiment war insofern ein großer Erfolg, als viele der Bettler durch die Möglichkeit zur Selbstversorgung ihre Lebensweise vollständig veränderten und als Bürger in die Gemeinschaft eingegliedert wurden. Thompson erreichte weitgehend sein Ziel, »in der Moralität, den Sitten und Gebräuchen dieser lüderlichen und ruchlosen Menschenclasse eine so gänzliche Veränderung zu bewirken, sie zu ordentlichen und nützlichen Gliedern der Gesellschaft zu machen«.[18] Für diese Menschen war er eine Art Idol geworden – so sehr, dass sie, als er krank war, nach der Tagesarbeit eine Stunde für ihn beteten. Andererseits war das Experiment teuer und erforderte immer wieder Zuschüsse aus der Kriegskasse. Zu den vielen Feinden, die Thompson als selbstherrlicher und oft arroganter ausländischer Senkrechtstarter hatte, kamen jetzt jene, die ihm seinen Erfolg und seine große Beliebtheit in der Öffentlichkeit neideten; sie alle meinten, sein Einfluss müsse beschnitten werden.

Noch konnte Thompson jedoch ungehindert einen anderen Plan verfolgen, den er schon gefasst hatte, bevor er die Reform der Armee und des Bettelwesens verwirklichte, nämlich die Anlage von Militärgärten, die zum »Vortheil und zur Ergötzung« des Militärs und zum »allgemeinen Gebrauch als ein öffentlicher Spaziergang sowohl für das Civil als Militäre« dienen sollten, und die er zu einem Erholungspark für alle erweitern wollte. Die Ausführung dieses Plans, die Umwandlung eines sumpfigen Geländes am Ufer der Isar im Norden der Stadt in einen Park im englischen Stil sollte dauerhaften Einfluss auf das Leben in München haben, denn sie führte zum »Englischen Garten«.[19] Das Gebiet, der so genannte Hirschanger, war lange Jagdgrund der Kurfürsten gewesen und wurde als solcher von Karl Theodor sehr geschätzt, aber Thompson überredete den Kurfürsten, der Umwandlung des sumpfigen Gebiets in einen Garten zuzustimmen, der ursprünglich Theodorpark heißen sollte.

Am 13. August 1789 unterzeichnete der Kurfürst die »Genehmigungsurkunde« und tat damit kund, dass er »den hiesigen Hirschanger zur allgemeinen Ergötzung für dero Residenzhauptstadt München herstellen zu lassen und diese schönste Anlage der Natur dem Publikum und deren Erholungsstunden nicht länger vorzuenthalten gnädigst entschlossen sei«, und beauftragte Thompson ausdrücklich, »nach seinem Plane die Herstellung dieser öffentlichen Spaziergänge ohne mindesten Verzug zu übernehmen und ohne sich durch eine mindeste in Weg gelegte Hinderniss irremachen zu lassen, baldmöglichst auszuführen«. Die geforderten Gelder ließ Karl Theodor großzügig aus der Kriegskasse vorschießen.

Mit der Gestaltung der Anlage wurde Friedrich Ludwig von Sckell betraut, der in Paris und London Gartenarchitektur studiert und schon den Schwetzinger Schlossgarten angelegt hatte. Die Arbeiten begannen noch im August, aber obwohl die Militärkapellen der bayerischen Armee »türkische Musik« aufspielten und die Soldaten morgens und abends eine halbe Maß Bier erhielten, machte sich bei ihnen bald »allgemeiner Missmut« darüber breit, dass sie »nun fast keinen Tag mehr frei hatten und in der größten Hitze wie Tagwerker arbeiten mussten«. Kritiker lästerten bald, früher habe man aus Bauern Soldaten machen wollen, Rumford mache es umgekehrt. Tatsächlich scheute man keine Kosten, um all die Wege, Brücken, Dämme, Rasen, Bäume, Büsche und Blumenbeete anzulegen und sogar einen künstlichen See zum Bootfahren im Sommer und Eislaufen im Winter zu schaffen. Außerdem wurden kleine griechische Tempel, eine chinesische Pagode, ein Konzertsaal, ein Caféhaus im Freien, eine Rennbahn, ein Amphitheater und eine »Viehartznei-Schule«, eine Schwaige und ein Offizierskasino gebaut.[20]

Die Arbeiten, die das Militär durchführte, begannen wohl nicht ganz zufällig praktisch gleichzeitig mit dem Sturm auf die Bastille. Thompson, den Grass als Erzreaktionär bezeichnet, bejahte die Revolution nicht, verstand aber vermutlich, was das Volk auf die Barrikaden trieb, und konnte »das allgemein Nütz-

Das Rumford-Monument im Münchner Englischen Garten.

liche, Moralisch-Erzieherische und Staats- und Herrschaftserhaltende mit dem Unterhaltenden, Angenehmen und – in raren Sternstunden – sogar mit dem ästhetisch Schönen verbinden. Ebendies gelang ihm mit dem Englischen Garten zu München. Aus dem Geist des Rationalismus, Utilitarismus, Eudämonismus und Klassizismus entstand hier eine Art Gesamtkunstwerk des aufgeklärten Staatsabsolutismus.«[21] Im Mai 1790 übergab der Kurfürst diesen schönsten Park Europas der Öffentlichkeit. Nach der allgemeinen Ordnung für Spaziergänger war unter anderem das gegenseitige Hutziehen bei Begegnungen nicht mehr notwendig; selbst der Kurfürst wollte keineswegs per Hutabnahme gegrüßt werden! Mit dieser Anlage hat Thompson die Herzen der Bürger Münchens, der reichen wie der armen, ungleich mehr gewonnen als mit all seinen Reformen.[22] Am fünften Jahrestag der Eröffnung wurde Thompson mit der Errichtung eines großartigen Monuments aus bayerischem Feuerstein und Marmor gefeiert, das die Bürger während seiner Abwesenheit errichtet hatten. Auf einer Seite führt der Genius des Überflusses die Bavaria und streut Blumen auf ihren Weg. Die Inschrift lautet:

54

LUSTWANDLER STEH!
DANK STÄRKET DEN GENUSS.
EIN SCHÖPFERISCHER WINK CARL THEODORS
VOM MENSCHENFREUNDE RUMFORD
MIT GEIST, GEFÜHL UND LIEB GEFASST
HAT DIESE EHEMALS ÖDE GEGEND
IN DAS WAS DU NUN SIEHST VEREDELT

Die Rückseite trägt eine Büste Rumfords in Alabaster über der
Inschrift:

IHM
DER DAS SCHMÄHLICHSTE ÖFFENTLICHE ÜBEL,
DEN MÜSSIGGANG UND BETTEL TILGTE,
DER ARMUTH HÜLF' ERWERB UND SITTEN,
DER VATERLÄNDISCHEN JUGEND
SO MANCHE BILDUNGSANSTALT GAB.
LUSTWANDLER GEH,
UND SINNE NACH IHM GLEICH ZU SEYN
AN GEIST UND THAT
UND UNS
AN DANK.

Kurz nach der Fertigstellung des Gartens kam es zu einer ernst-
haften Auseinandersetzung zwischen Rumford und dem Münchner Stadtrat, der an der Planung oder Errichtung des Gartens
nicht beteiligt gewesen war, sondern ihn offiziell erst bei der
Eröffnung vom Kurfürsten erhalten hatte, sich dann jedoch für
den Garten zuständig fühlte. Die Stadträte regten sich sehr auf,
als Thompson – ohne ihre Erlaubnis – die Kopie eines Briefs an
den Kurfürsten in Umlauf brachte, in dem eine Gruppe von
Bürgern den Garten pries. Das alles sah ganz harmlos aus, aber
die Reaktionen aller Beteiligten machten es zu einer unverhält-
nismäßig wichtigen Angelegenheit. Der Stadtrat forderte, der
Brief solle zurückgezogen werden, und drohte, alle Unterzeich-

ner zu verfolgen; darüber ärgerte sich Thompson so sehr, dass er den Bürgermeister und mehrere der Stadträte entließ, ihre Lohnzahlungen einstellte und ihnen auf Lebenszeit die Annahme jeder öffentlichen Stellung versagte. Er erhielt auch die Zustimmung des Kurfürsten, als er forderte, die ehrwürdigen Herren des Rates sollten vor einem Porträt des Kurfürsten niederknien und um Vergebung bitten.

Diese bedauerliche und eher lächerliche Episode vertiefte die Hassliebe, die sich zwischen Thompson und den Bayern entwickelt hatte. Der Kurfürst jedoch hielt unverwandt zu Thompson und überhäufte ihn mit Gunstbezeugungen und Ämtern: Im März 1790 machte er ihn zu einem Geheimen Staatsrat, fünf Monate später gestand er ihm eine lebenslange Pension zu, und im Februar 1792 ernannte er ihn zum Generalstabschef.

Dem allen setzte er sozusagen die Krone auf, als er nach dem Tod des österreichischen Kaisers Leopold II. bis zur Ernennung seines Nachfolgers Franz II. das Reichsvikariat führte und Thompson am 9. Mai 1792 Rang und Würde eines Grafen des Heiligen Römischen Reichs verlieh. Sir Benjamin Thompson wählte als Adelsnamen Rumford, den ehemaligen Namen der Stadt in New Hampshire, in der er vor sechzehn Jahren Frau und Tochter zurückgelassen hatte. Weil der Kurfürst dem englischen Ritter aus diplomatischen Gründen keinen Orden verleihen durfte, veranlasste Karl Theodor den König von Polen, ihm den Weißen Adlerorden und den Stanislausorden zu verleihen. Die vollständige Liste seiner Titel lautete damit 1791: Exzellenz Sir Benjamin Thompson Ritter, Seiner Kurfürstlichen Durchlaucht zu Pfalzbayern Kämmerer, Wirklicher Geheimer Rat, Generalmajor der Kavallerie und Generalleibadjutant, des Kgl. Polnisch Weißen Adlers- und Stanislausordens Ritter, der Kgl. Gesellschaft zu London, der Kgl. Akademie der Wissenschaften zu Berlin, der Kurfürstlichen Akademie der Wissenschaften zu Mannheim und München und der Amerikanischen Akademie der Wissenschaften Mitglied. Später wurde er auch Mitglied der französischen und der Göttinger Akademie der Wissenschaften.

Die Zeiten waren bewegt, als Thompson Reichsgraf wurde, und die Unruhen erfassten allmählich ganz Europa. Rousseaus paradoxe Aussage von 1762, der Mensch sei frei geboren und doch überall in Ketten,[23] hatte Eindruck gemacht, und am 14. Juli 1789 hatte mit dem Sturm auf die Bastille die Französische Revolution begonnen. Im April 1792 erklärte Frankreich Österreich den Krieg, und im Juli schloss sich das mit Österreich verbündete Preußen dem Krieg gegen Frankreich an. Im Oktober fielen die Franzosen im Rheinland ein und annektierten die Pfalz, und im November besiegten sie die Österreicher. Im »Edikt der Brüderlichkeit« boten sie jedem Volk bewaffnete Hilfe an, das seine Herrscher absetzen wollte; sie selbst führten am 21. Januar 1793 ihren König Louis XVI. auf das Schafott, und am 16. Oktober ihre Königin Marie Antoinette.

Diese Ereignisse lösten in Bayern Alarm aus; der in Bayern immer unbeliebte alternde Karl Theodor verfolgte eine Beschwichtigungspolitik, und die Sympathien für ihn nahmen in dem Maß weiter ab, wie sie für den mutmaßlichen Nachfolger, den Herzog von Zweibrücken, zunahmen, der sich seit einiger Zeit dafür eingesetzt hatte, die Kampfbereitschaft des Heeres zu verbessern, statt es zur Anlage von Gärten einzusetzen.

Das wirkte sich natürlich auch auf das Ansehen des neuen Reichsgrafen Rumford aus. Ihm hatte Karl Theodor die Reform der Armee anvertraut, er war der Ratgeber des Kurfürsten – und er hatte sich viele Feinde gemacht. Das Kriegsarchiv verwahrt zahlreiche anonyme Briefe voller Klagen gegen Rumford und seine Einrichtungen. Eine Schmähschrift zeigt einen in die neue Uniform gekleideten Soldaten mit der Unterschrift:

Am Kopf ein Held,
Im Sack kein Geld,
Am Hals ein Kind,
Der Bauch voll Wind,
Hint' und vorn ein armer Mann,
Der sich kaum bedecken kann!

Der Kurfürst verbot durch Erlass vom 1. Januar 1792 die »höchst beleidigenden Zweifel gegen den Bestand des neu angenommenen Kriegssystems und alle spitzfindigen Bemerkungen über die erlassenen Verordnungen schärfstens und bey unvermeidlich schwerer Strafe«,[24] und eine vom Hofkriegsrat eingesetzte Kontrollkommission erklärte am 2. Juli 1792, der Erfolg des Systems dürfe als günstig angesehen werden. Aber das war für Rumford ein Pyrrhussieg. Die Anstrengungen hatten ihren Zoll gefordert; er litt unter Krankheitsanfällen – »ekelhaften Gallenleiden«,[25] wie er sie einmal nannte – und schrieb Max Joseph, er fühle sich erschöpft und wolle sich vom öffentlichen Leben in Bayern zurückziehen.[26] Von den Armen und Bettlern aber erhielt er den schönsten Beweis ihres Vertrauens und ihrer Zuneigung, als er im Herbst des Jahres todkrank war: Sie zogen in einer Prozession zur Liebfrauenkirche, um für ihren Wohltäter zu beten. Rumford war tief gerührt: »Ein öffentlicher Bittgang für mich, den Fremden, den Protestanten!« Der Kurfürst gewährte ihm einen Erholungsurlaub in Italien, und Rumford verließ München im März 1793.

Rumford reiste mit großem Gefolge und viel Gepäck, aber ohne festen Reiseplan, und sandte Diener voraus, um seine Ankunft vorzubereiten. Zum ersten Mal in seinem Leben nahm er sich die Freiheit, seinen Einfällen nachzugeben und sich mit dem zu beschäftigen, wozu er gerade Lust hatte, und das betraf im Wesentlichen naturwissenschaftliche Experimente und Erfindungen, Fragen zum Wohlergehen der Armen und die Damenwelt. In Florenz hatte er Gelegenheit, in einem Laboratorium mit »gefärbten Schatten« zu experimentieren[27] und über die »Harmonie der Farben« und die Wärmeleitfähigkeit von Dampf nachzudenken. In Mailand traf er Sir Charles Blagden, den Sekretär der Royal Society, der in Italien Ferien machte. In Pavia sprach er mit Graf Alessandro Volta, den Physikprofessor der Universität, der 1799 als Erfinder der Voltaischen Säule, der ersten praktisch verwendbaren elektrischen Batterie, berühmt wurde. In Verona gab er den Krankenhäusern von La Pietá und

La Misericordia Ratschläge zur Neugestaltung der Küchen und organisierte die Belieferung mit Kleidung aus dem Arbeitshaus in München. In Neapel erkrankte er, und wieder wurde im Münchner Arbeitshaus für ihn gebetet.

Außerdem traf er seine Freundinnen. Er verbrachte viel Zeit mit Gräfin Nogarola, die mit ihren Kindern in Verona lebte, während ihr Mann die Verteidigung von Mannheim vorbereitete. Er traf auch Lady Palmerston, Lady Elizabeth Webster und Lady Bolingbroke. Wenn er auch nur wenige Tage von Lady Palmerston getrennt war, fühlte er sich »einsam und recht melancholisch«, aber bei Lady Bolingbroke schrieb er: »Ich weiß gar nicht, was ich alles versucht hätte, um ihr die zähen Mußestunden zu vertreiben.«[28]

Das Leben in Italien war ganz nach Rumfords Geschmack. Da er offiziell nur Erholungsurlaub hatte und in Karl Theodors Diensten stand, kehrte er 1794 widerwillig nach München zurück. Dort hieß ihn eine Menge, die überwiegend aus Armen und Geringen bestand, wie einen Helden willkommen. Zum Dank organisierte er ein großes Fest im Englischen Garten für 1800 Arme, zu dem 30 000 Besucher kamen, Ochsen gebraten und Bierfässer angezapft wurden, Musikkapellen spielten und Lampions leuchteten.

Die politische Lage hatte sich für Rumford inzwischen verdüstert. Karl Theodor war ihm immer noch wohl gesinnt, hatte aber nach dem Tod der Kurfürstin Elisabeth im August 1794 schon im Februar 1795 als 71-jähriger in aller Stille die fast noch 17-jährige Maria Leopoldine von Modena-Este, eine Enkelin Maria Theresias, geheiratet. Vor allem aber untergruben der Präsumtiverbe Herzog Karl August von Zweibrücken und seine Anhänger Rumfords Macht. Eine offizielle Stellung am Hof kam nicht mehr in Frage, und Rumford fühlte sich einsam und isoliert. Er lud Lady Palmerston im August zu einem Besuch ein, und es besagt etwas über die Moral der Zeit, wenn sie bald nach ihrer Abreise dreist anfragte, ob er schon mit der neuen jungen Kurfürstin geschlafen habe.

Die Antwort war nein, aber seine Briefe an Lady Palmerston zeigen, dass er in der vergeblichen Hoffnung in München ausharrte, sein Glück könne sich wieder zum Besseren wenden. Er verbrachte seine Zeit mit Verbesserungen im Arbeitshaus, experimentierte mit neuen Koch- und Ernährungsmethoden, plante eine Erweiterung des Englischen Gartens, schrieb die ersten fünf seiner langen Essays über seine Arbeit und gab großzügige Feste, bei denen er in seinem Haus bis zu hundert Gäste bewirtete. Aber für einen Mann mit seiner Energie hatte er zu wenig zu tun und zu wenig Macht. So war es wie eine Erlösung, als der Kurfürst ihm erlaubte, für ein halbes Jahr nach London zu reisen.

Er verließ München am 13. Oktober 1795, nach fast zwölf Jahren, in denen er oft der wichtigste Mann im Staat war und durch seinen Einsatz vielen Not leidenden Menschen geholfen hatte. Aber er hatte viele, zu viele, einflussreiche Leute verärgert, und wieder einmal musste er sich Gedanken über die Zukunft machen. Dabei konnte er nicht voraussehen, dass er knapp drei Jahre später zurückgerufen und wieder der wichtigste Mann im Staate, sogar als »Retter Münchens« gefeiert und als Polizeiminister für Ruhe und Ordnung sorgen und wichtige Reformen einleiten, selbst aber unhaltbar werden würde.

Das kam so: Bayern hatte sich im Krieg zwischen Frankreich und Österreich um Neutralität bemüht und war Nebenkriegsschauplatz geblieben, während sich die Franzosen unter dem genialen jungen Bonaparte in Italien mit den Österreichern schlugen. Jetzt aber waren die Österreicher bei Friedberg von der Armee des General Moreau geschlagen worden und auf dem Rückzug in Richtung München, während die Franzosen Ingolstadt belagerten. Kurfürst Karl Theodor hatte etwas an Unabhängigkeit und Autorität gewonnen, nachdem sein einflussreicher Beichtvater Ignaz Frank und auch sein Neffe und Erbe Herzog Karl August von Zweibrücken 1795 überraschend gestorben waren und er durch die Heirat Hoffnung auf einen leiblichen Erben hegen konnte, aber er war alt und hatte Angst.

Deshalb wandte er sich in der Stunde der Not wieder einmal an Rumford, der die drohende Krise abwenden und München verteidigen sollte.

Rumfords Rolle in der kritischen Situation 1798 ist nur schwer zu fassen, weil Quellen fehlen oder nicht zugänglich sind.[29] Jedenfalls drohte die Besetzung oder sogar die Zerstörung der Hauptstadt, weil der Stadtkommandant Graf Morawitzky den österreichischen General La Tour sehr undiplomatisch am Durchmarsch gehindert hatte. Die Lage war ernst. Schon hatten ausländische Diplomaten die Stadt verlassen, waren Kunstschätze und Dokumente auf Kähne verladen worden, um sie in Sicherheit zu bringen. Rumford fand bei seiner Ankunft am 13. August immer noch viele seiner alten Feinde an der Macht, während der Kurfürst, der ihn zur »Rettung der Nation und des Kurfüstentums« zurückgebeten hatte, die Flucht vorbereitete. Karl Theodor übergab Rumford die Macht und floh am 22. August mit kleinem Gefolge und streng inkognito unter dem Namen eines Grafen und einer Gräfin von Haag in fünf sechsspännigen Wagen: über Altötting und Lockwitz, wo man sich einige Tage Rast gönnte, über Linz und Prag nach Schloss Pillnitz, das von der sächsischen Verwandtschaft zur Verfügung gestellt worden war.[30]

Inzwischen war das ganze bayerische Militär, 11 000 Mann, nach München gezogen und in der Stadt einquartiert worden, um die Stadt im Angriffsfall gegen die Franzosen verteidigen zu können. Es kam jedoch nicht dazu, denn die bayerischen Landstände konnten am 7. September 1796 zu Pfaffenhofen einen Waffenstillstand aushandeln. Die Franzosen stellten harte Bedingungen, denen Karl Theodor nach seiner Rückkehr am 5. Oktober abends gegen sechs Uhr »in bestem Wohlaufsein« die Anerkennung versagte.

In der Zwischenzeit war der Amateursoldat Rumford, der sein Leben lang keine Schlacht geschlagen hatte, mit der Verteidigung von München beauftragt, während der schwer beleidigte General La Tour Wiedergutmachung forderte. Der Regentschaftsrat, dem Rumford offenbar nicht angehörte, enthob Morawitzky des Befehls und setzte Rumford als Stadtkommandant ein. Möglicherweise spielte dabei die Überlegung mit, dass man beim Misslingen dieser undankbaren Aufgabe die Schuld einem Ausländer in die Schuhe schieben konnte.

Die Aufgabe war schwierig. Die Stadttore waren geschlossen, und in der Stadt mussten außer den Bürgern die zahlreichen Soldaten versorgt werden. Allein die Verpflegung stellte Rumfords Erfahrungs-, Einfalls- und Erfindungsreichtum auf die Probe. Er löste die Aufgabe durch die Einführung strenger Preiskontrollen und die Rationierung von Lebensmitteln und Brennstoff. Er beschlagnahmte Wohnraum für das Militär und sorgte für eine Gemeinschaftsverpflegung. Vermutlich erhielt er hier die entscheidenden Anregungen für die Verpflegung von Soldaten mit Hilfe eines »tragbaren Gemeinschaftsherds«.

Im Umgang mit den Österreichern und Franzosen verfolgte er die Strategie, streng neutral zu bleiben und geduldig den einen gegen den anderen auszuspielen. Er brachte die Österreicher dazu, ihr Lager außerhalb der Stadt aufzuschlagen, indem er sich bei General La Tour für das Verhalten seines Vorgängers entschuldigte und ihm versicherte, er würde gegen die Franzosen kämpfen, falls sie München angreifen würden. Dann besuchte er General Moreau, den französischen Kommandanten, und machte ihm klar, dass ein Angriff auf die Stadt den Franzosen nichts bringen würde, weil er die Österreicher am Betreten gehindert hatte.

Diese Politik zahlte sich aus, und die Dinge verliefen in Rumfords Sinn. Die Franzosen besetzten vom 29. August bis zum 11. September in der Nähe des Englischen Gartens einen kleinen Posten, und es kam Anfang September zu Gefechten um die Isarbrücke, in deren Verlauf einige »Fünf- und Sechspfünder« auf München fielen, aber kaum Schaden anrichteten. Außer Rumfords diplomatischem Geschick trug sicher auch der Verlauf des Koalitionskriegs zur friedlichen »Rettung Münchens« bei, denn nach der Niederlage eines anderen französischen

Heers unter General Jourdan weiter im Süden musste General Moreau seine Truppen aus München abziehen, und daraufhin zogen sich auch die Österreicher nach Wien zurück. Rumford hatte München ohne jedes Blutvergießen verteidigt und stieg über Nacht zum Nationalhelden auf. Seine Tochter Sally, die mit ihm nach München gekommen war, aber nicht viel zum Erfolg beigetragen hatte, erhielt den Titel einer Reichsgräfin Rumford und lebenslang eine eigene Pension von zweihundert englischen Pfund. Nachdem Karl Theodor am 5. Oktober in die Stadt zurückgekehrt war, legte Rumford am 17. Oktober das Oberkommando nieder und wurde Polizeiminister. Als solcher gab er sich mit vielen mühseligen Dingen des Alltags ab, führte den Meldezettel ein, legte Sperrstunden fest und setzte sich für eine Verbesserung des Strafvollzugs ein.

Auch bei diesen Reformen war Rumford mit seinen humanitären Ideen und seiner Einsicht in die Wechselwirkung zwischen Milieu und Moral dem Denken seiner Zeit und seiner Mitmenschen weit voraus. Die Reformen trafen auf viel Unverständnis, und die Selbstherrlichkeit, mit der er seine Pläne durchsetzte, machte ihm neue Feinde. Für viele Bayern blieb er immer ein Nationalheld, aber alte Feindschaften lebten wieder auf. Wieder gab es Gerüchte, er sei korrupt und habe Geld aus Kassen beiseite geschafft, die für das Militär, die Polizei und das Arbeitshaus gedacht waren.

Und wieder kam es zu einem Streit mit dem Münchner Stadtrat, der sich an die Demütigung erinnerte, die ihm im Zusammenhang mit dem Englischen Garten widerfahren war. Rumford hatte schon 1795, vor seiner Abreise nach London, Pläne für eine breite Promenade rund um die Stadt vorgelegt, die nach dem Schleifen der militärisch sinnlosen und das Wachstum der Stadt behindernden Festungsanlage angelegt werden sollte. Der Stadtrat hatte diese Pläne abgelehnt und während Rumfords Aufenthalt in London den Bau mehrerer Häuser zugelassen, die den Bau der Promenade verhindern mussten. Diesmal war Rumford derjenige, der zuletzt lachte, denn als er mit der Verteidigung der Stadt beauftragt war, konnte er alle neuen Gebäude aus militärischen Gründen abreißen lassen, weil das der besseren Sichtbarkeit wegen erforderlich war. Als Polizeiminister setzte er die Schleifung der alten Befestigung durch, wodurch im Wesentlichen nach seinen Plänen ein breiter, mit Pappeln bestandener Straßenring entstand, der mit der heutigen Otto-, Sonnen-, Müller- und der – später so benannten – Rumfordstraße zusammenfiel. Von den alten Toren blieben nur das Isar- und das Sendlinger Tor, während der schöne Halbkreis des Rondells vor dem 1791 in Karlstor umbenannten Neuhäuser Tor neu angelegt wurde.

Rumfords Stellung wankte auch deshalb, weil die Österreicher argwöhnisch geworden waren, als er nach der Belagerung von München vorgeschlagen hatte, die Schlagkraft der bayerischen Armee auf 26 000 zu erhöhen, was Bayerns Unabhängigkeit von Österreich gestärkt hätte. Es kam deswegen fast zu einem Krieg zwischen den beiden Staaten, und um den Kaiser zu besänftigen, musste Karl Theodor vielen Verfechtern dieses Gedankens den Laufpass geben. Rumford konnte sich zwar halten, aber ihm und Karl Theodor war klar, dass seine Stellung stark gefährdet war. Es ging eigentlich nur noch darum, eine Möglichkeit zu finden, wie er das Land mit Anstand verlassen könne. Da erschien es als gute Lösung, Rumford nach der Pensionierung des früheren bayerischen Botschafters in England zu dessen Nachfolger zu ernennen. Vielleicht hatte Rumford selbst diese Idee gehabt, jedenfalls gefiel sie ihm gut. In London, so meinte er, würde er gut aufgenommen werden, seine Lebensweise beibehalten können, einige offizielle Funktionen übernehmen und im Zentrum der führenden Wissenschaftsnation der Welt seine Interessen verfolgen. So packte er wieder einmal die Koffer und fuhr mit seiner Tochter nach London, wo er am 19. September 1798 ankam, bereit, als Karl Theodors Generalbevollmächtigter am Hof von St. James die Interessen Bayerns zu vertreten. Er wusste nicht, welche Überraschung ihn erwartete.

Rumfords Reformen

Wir wissen nicht, was die alte Generalin Burghausen, mit der auch Kaiser Joseph II. gern Gespräche führte, dem ehrgeizigen Sir Benjamin gesagt hat, als sie ihm »die Augen für andere Möglichkeiten des Ruhms als den Sieg auf dem Schlachtfeld« öffnete und ihn von seinem »kriegerischen Wahnsinn« heilte. Es waren wohl nicht allein die Worte dieser alten »Dame von bewundernswertem Geist und großer Lebensweisheit«, die den Ehrgeizigen berührten, sondern auch die Tatsache, dass ihn da eine Frau, die seine Großmutter hätte sein können, »ins Herz schloss«. Der früh vaterlose Benjamin, der seinen Stiefvater ablehnte und es seiner Mutter übel nahm, dass sie in zweiter Ehe viele Kinder hatte, suchte vermutlich sein Leben lang nach Mutterliebe, wenn er ältere Frauen liebte und auch heiratete – seine erste Frau war vierzehn Jahre älter als er. Noch als 53-jähriger, inzwischen berühmter Mann, schrieb er in einem seiner wenigen Briefe an seine Mutter wie ein kleiner, nach Liebe heischender Junge, es gebe ihm die größte Genugtuung, denken zu können, dass sie mit ihrem »gehorsamen und liebevollen Kind« zufrieden sei.

Das unbefriedigte Kind im Manne zeigte sich vielleicht auch in seiner Leidenschaft für das Experimentieren, dem einfallsreichen und immer wiederholbaren, spielerischen Umgang mit Dingen. Er hatte Augen für die Not der Kinder und der Armen; mit seiner Arroganz mag er sich gegen die Verletzungen gewappnet haben, die ihm Neider zufügten. Vielleicht sind seine Gallenleiden ein Anzeichen dafür, wie sehr er sich darüber geärgert haben mag.

Jedenfalls erkannte Thompson 1783 in Wien, dass er seine ungewöhnliche Begabung und Kraft dem Fortschritt und der Verbesserung der Lebensumstände Notleidender dienstbar machen und Leid mindern und nicht mehren sollte. Die grausame Not armer Menschen überall in der Welt hatte damals schon viele Helfer auf den Plan gerufen; die Unzufriedenheit der Notleidenden zeigte sich in dem amerikanischen Streben nach Unabhängigkeit und kam wenige Jahre später in der Französischen Revolution zum Ausbruch. Rumford schaffte das Unwahrscheinliche: Während anderswo die Furien tanzten, wurden in München die Bettler zu nützlichen Bürgern.[1]

Rumfords Reformgedanken waren in vielem seiner Zeit weit voraus, wenn er darauf hinwies, wie wichtig es ist, dass Menschen sich als »fleißige und nützliche Mitglieder der Gesellschaft« fühlen.[2] Im Rückblick schrieb er: »Ich berufe mich auf den blühenden Zustand der verschiedenen Manufakturen, wobey diese armen Leute jetzt in Arbeit sind – auf ihr ruhiges und ordentliches Betragen – auf ihre Fröhlichkeit – auf ihren Fleiß – auf ihre Begierde, sich auszuzeichnen … und selbst auf die Heiterkeit ihrer Gesichtszüge.« Er wünschte sich: »Möge mein glücklicher Erfolg andere aufmuntern, meinem Beyspiele zu folgen! Wüsste man es allgemein, wie oft wenig Mühe und wenig Aufwand hinreichen, um viel Gutes zu stiften, so würden die Handlungen der reinsten Menschenliebe viel häufiger und die Masse des Elends unter den Menschen viel geringer seyn, zumal da die Freude, die aus der Erleichterung des Mangels und aus der Beförderung der Glückseligkeit unserer Mitmenschen entspringt, so herzlohnend ist.«[3]

Am 29. März 1788, vier Jahre, nachdem Thompson in pfalzbayerische Dienste getreten war, legte er in der Residenz ein Memorandum vor,[4] das von einer Kommission unter dem Vorsitz des Kurfürsten begutachtet wurde.[5] Die Schrift zeigt, wie intensiv er sich eingearbeitet und wie weit er über die Grenzen auch nach Preußen und Österreich gesehen hatte. Obwohl die Missstände beim Heer und in der Zivilbevölkerung durchaus miteinander zusammenhingen, wollte Thompson zunächst das Militärwesen verbessern und sah es »als Hauptziel und Zweck der Reform, eine gute Armee bei geringen Kosten zu haben.«[6]

Rumford fragte: »Wie könnte man Liebe und Hochschätzung für den Militärstand erwarten, wo die Feder mehr als der Degen geehrt wird?«,[7] und er wusste auch: »Nur von Soldaten, denen es gut geht, die gut genährt und gepflegt sind, kann man gute Dienste im Krieg erwarten.«[8]

Das Heer war wirklich in einem schlechten Zustand. Es bestand aus etwa 18 000 Mann in dreißig Regimentern, von denen etwa ein Viertel Offiziere waren. Es gab mehrere Generalfeldmarschälle und sogar einen Großadmiral, der den Oberbefehl über die kleine Rheinflotte hatte. Die niedrigen Ränge wurden rekrutiert, indem unwillige, ungebildete Bauern aus den Dörfern eingezogen wurden, wobei gelegentlich so zweifelhafte Methoden wie Erpressungen und Entführungen angewandt wurden. Die Rekrutierungskommissionen waren so gefürchtet, dass die Bauern vor ihnen in die Wälder flohen oder sich Finger abhackten: »Ein Finger auf dem Block schützt vor des Königs Rock!«[9] Oft verhängten Richter den Armeedienst als Strafe.

Der Sold reichte zwar für die Verpflegung aus, aber da die Soldaten selbst für Uniform und Ausrüstung sorgen mussten, waren sie gewöhnlich verschuldet und damit dem Zinswucher und der Gnade ihrer Offiziere ausgeliefert, die ihnen bezahlte Nebenarbeiten vermittelten. Die Offiziere disziplinierten sehr streng; Soldaten wurden gepeitscht, angekettet und sogar an den Galgen gehängt. Die Soldaten wiederum terrorisierten die ortsansässigen Bürger mit Bettelei, Diebstahl, Vergewaltigung und sogar Mord.

Bei der Reform ließ sich Thompson von drei Interessen leiten, die einander gegenseitig bedingten: Erstens wollte er die soziale Diskriminierung und Deklassierung des Soldatenstandes beseitigen, also das Ansehen der Soldaten heben und ihnen ihren Stand möglichst angenehm machen, indem die Instruktionen und Übungen vereinfacht, die Unterbringung und Verpflegung verbessert, jeder Müßiggang verhindert und der Bildungsstand erhöht wurden.[10] Zweitens sollten bei gleich bleibendem finanziellen Aufwand Sold und Truppenstärke angehoben werden. Drittens sollte die Armee in Friedenszeiten für zivile Zwecke nützlich gemacht werden. Die Interessen der Soldaten sollten weitgehend mit denen der Gesellschaft übereinstimmen, damit die Soldaten als Bürger in Uniform die Verantwortung für das Wohl der Gemeinschaft übernehmen würden.[11] Die Kommission entschied sich gegen die Denkschrift des bisherigen Leiters des Kriegswesens, Freiherr von Belderbusch,[12] und für Thompsons Vorschläge und entließ Belderbusch »ungnädig wegen missfälliger Verwaltung«.[13] Ein kurfürstliches Reskript vom 28. April 1788 wurde in einer Auflage von 4000 Stück gedruckt, den Regimentern verlesen und an den Stuben und Stadttoren angeschlagen.

Zu den wichtigsten Veränderungen gehörte das Verbot der Zwangsaushebung. Bisher war der Kriegsdienst oft als Strafe verhängt worden, denn laut einem kurfürstlichen Mandat von 1769 konnten »liederlich, ungehorsam und incorrigible Leut« zum Militärdienst eingezogen werden. Der Einführungserlass verbot, »hinfüro einen Missethäter, oder Verbrecher zum Militaire-Stande … zu verurteilen«.[14] Spätere Erlasse drohten jenen Ausbildern harte Strafen an, die trotz der bisherigen Verordnungen weiterhin mit Schlägen misshandelten. Namengalgen und Schanzstrafe wurden abgeschafft, Wachen, die das Desertieren verhindern sollten, an den Toren abgezogen und man gestattete den Soldaten, sich im Umkreis einer Viertelstunde um den Garnisonsstandort herum frei zu bewegen.

Schon zum 1. Februar wurde die Besoldung erhöht und den im Dienst stehenden Soldaten ein Nebenerwerb als »Freywächter respect. Stadtarbeiter« zugestanden. Der bis dahin blühende Handel mit Monats- und Quartalssoldscheinen, ein gefundenes Fressen für Kredithaie, wurde für rechtswidrig erklärt und eine Vorschusskasse mit einer Einlage von 100 000 Gulden eingerichtet, bei der sich jeder Staatsdiener gegen fünf Prozent Zinsen einen Monats- oder Quartalssold leihen konnte, wobei die Quittung von der »Ehekonsortin« mit unterschrieben werden musste.

Die größte finanzielle Belastung und Beeinträchtigung war für viele Soldaten das bisherige Montierungssystem gewesen, denn jeder Soldat musste seine Ausrüstung und Uniform[15] auf eigene Kosten anschaffen und instand halten. Nach Rumfords Berechnung kostete das einen gemeinen Soldaten drei Mal mehr, als er erstattet bekam, und deshalb musste er in der Regel von Anfang an seinen Sold verpfänden und die Schulden durch Lohnwachen abdienen. Die Offiziere ihrerseits waren gezwungen, irgendwie mit Gewinn zu arbeiten, damit sie den Soldaten das Geld vorschießen und den durch Deserteure entstandenen Schaden ausgleichen konnten.

Das neue, im August 1788 eingeführte Bekleidungssystem versorgte jeden, vom Soldaten zum Feldwebel, unentgeltlich mit Bekleidung und Ausrüstung, und übertrug die Besorgung der Ökonomie des Regiments einer Kommission. Wie die Vielzahl der Folgeverordnungen vermuten lässt, stieß das System auf starke Ablehnung. Der weiße Tuchrock war aus Sparsamkeitsgründen sehr knapp geschnitten und engte ein, und die an die gefütterte graue Hose angenähten schwarzen Tuchgamaschen erwiesen sich als unpraktisch, weil sie nicht abgelegt werden konnten.

Wegen des Widerstands der Uniformschneider, bei der Herstellung der Monturen im Militärischen Arbeitshaus mitzuarbeiten, verlegte man sich dort auf die Produktion von Gebrauchsartikeln, was wiederum zu Konflikten mit den bürgerlichen Händlern und den Zünften führte.[16] Letztlich blieb von der Rumford'schen Uniform nur der Raupenhelm übrig.

Um die medizinische Versorgung menschenwürdiger zu gestalten und das Ansehen des Personals zu heben, wurden die Feldscherer durch Regimentschirurgen ersetzt, die sich einer strengen Prüfung unterziehen mussten und von der Pflicht, die Soldaten zu rasieren, befreit wurden. Eine »Churpfalzbayerische Lazareth-Einrichtungsverordnung« führte 1793 einmännige Bettgestelle ein, legte die Kranken nicht regimentweise, sondern nach Art der Erkrankung zusammen und befasste sich mit Maßnahmen zum Schutz vor Ungeziefer und mit der Beheizung, Lüftung und Reinigung der Krankenzimmer.

Rumfords Fürsorge galt auch den Familien und besonders den Kindern. Sie sollten mit Güte und Anerkennung »zu einer guten Conduite, und zur Erlernung der für ihr künftiges Fortkommen, und Glückseligkeit erforderlichen Kenntnissen und Arbeiten von der frühen Jugend an sogleich angehalten, durch alle mögliche Beschäftigung dem gefährlichen Müßiggang entzogen und zu nützlichen Unterthanen gebildet werden«.[17] In den regimentsweise eingerichteten Lehr- und Arbeitsschulen wurden vormittags Soldatenkinder und nachmittags Unteroffiziere und einfache Soldaten im Schreiben und Rechnen unterrichtet, und in den Arbeitsschulen lernten die Kinder Nähen, Spinnen und Stricken. Beide Schularten standen auch Bürgerkindern offen.

Um trotz größerer Truppenstärke, besserer Besoldung und kostenloser Ausrüstung Geld zu sparen, sollte die Armee in eine Art Milizheer umgewandelt werden, denn Rumford hielt ein großes stehendes Heer für »die größte Geißel eines Landes, die Geld verschleudert, Sitten verdirbt und Laster begünstigt«.[18] Nach einer Grundausbildung sollten deshalb möglichst viele Soldaten beurlaubt und zu regelmäßigen Exerzierübungen einberufen werden. Neben manchen anderen Maßnahmen, die Einsparungen bringen und die Schlagkraft des Heers verbessern sollten und die auch seine erzieherischen Bemühungen verdeutlichen, schuf er, als sich das bestehende Militärwaisenhaus als zu teuer erwies, einen Militärwaisenfonds, aus dem Pflegeeltern, die verwaiste Soldatenkinder aufnahmen, monatlich drei Gulden erhielten. Dafür sollten sie die Kinder kleiden und versorgen, an Arbeit gewöhnen, in die Schule schicken und die Knaben an kleinen hölzernen Gewehren spielend die Handgriffe und das Marschieren lernen lassen, um ihnen »Begierde zum Kriegsdienst« zu machen. Um »Militär- und Zivilstand aufeinander anwendbar zu machen«,[19] wurde 1789 eine Militärakademie errichtet, die nicht lediglich als »Offizierpflanzschule«, sondern als allgemeine Erziehungsanstalt gedacht war. In der ersten Abteilung wurden auf Staatskosten dreißig Söhne von Offizieren und aus dem minderbemittelten Adel und in der zweiten Abteilung gegen ein monatliches Kostgeld von zwölf Gulden sechzig Kinder ohne Rücksicht auf Standesverhältnisse auf eine Laufbahn als Offiziere oder Staatsdiener vorbereitet, während in der dritten neunzig Söhne rechtschaffener Bürger und Landleute die Grundlagen erhielten, die sie brauchten, um Unteroffiziere, Landschullehrer oder Facharbeiter zu werden.

Eigentlich war es Aufgabe des Militärischen Jägerkorps, der Missstände auf dem Land Herr zu werden, aber seine überhöhten Ansprüche an Quartier und Verpflegung hatten den Bauern Anlass zu berechtigten Klagen gegeben. Deshalb verlegte Rumford die vier in Bayern garnisonierten Kavallerieregimenter in kleinen Gruppen auf das Land, wo sie sich selbst verpflegen sollten und die Aufgabe hatten, mit Patrouillendienst »alles Raub-, Dieb- und sonstig liederliches Gesindel, ungleichen Bettler, Mordbrenner, Vagabonden, Wild und Holzdiebe in denen Waldungen, einheimische sowohl als fremde Deserteure und falsche Werber, überhaupt alle verdächtigen Leute aufzuheben und auszurotten«.[20] Außerdem sollten sie auf Kirchweihen und Jahrmärkten Streithändel verhindern und »herrschaftliche Gelder eskortieren«. Diesen Militär-Cordon sollten die Bauern durch regelmäßige Geldabgaben finanzieren.

Ein anderer für Rumford typischer Reformversuch war die Einrichtung eines »allgemeinen Landgestüts«. Dadurch sollten im Kriegsfall genügend Pferde zur Verfügung stehen, deren Unterhalt den Staat in Friedenszeiten nicht belastete. Dazu kaufte der Hofkriegsrat sechshundert Stuten und gab sie an Bauern, die sie für ihre Zwecke gebrauchen und ihre Fohlen behalten durften, die Stuten aber im Kriegsfall dem Militär zurückgeben sollten.[21] Rumford führte den Fehlschlag dieser Reform auf die zu geringe Anzahl der Pferde zurück.

Der wohl erfolgreichste Teil der Reform war das Militärgartenprojekt, denn es führte zum Englischen Garten. Auf Betreiben Rumfords erließ der Kurfürst am 21. Februar 1789 von Mannheim aus die Anweisung, in jeder Garnison einen Garten anzulegen, der nicht nur zum »Vortheil und Ergötzung« des Militärs, sondern auch zu »allgemeinen Gebrauch als ein öffentlicher Spaziergang sowohl für das Civil als Militäre« dienen sollte.[22] Die Durchführung des Münchner Projekts überließ der Kurfürst Rumford. Eine so genannte Militärgarten-Kommission hatte zunächst die Aufgabe, den Grundstückserwerb zu regeln, übernahm später aber auch die Verwaltungsaufgaben des zum Volkspark erweiterten Projekts und blieb zehn Jahre im Amt. Sie erstand nordöstlich des Schwabinger Tors im Bereich der heutigen Schönfeldwiese entlang des Schwabinger Bachs einen über achthundert Meter langen und an die zweihundert Meter breiten Geländestreifen, insgesamt etwa vierzig Tagwerk, das Tagwerk für drei- bis vierhundert Gulden.

Jedes Regiment erhielt einen Distrikt, der in einer wahren Auf- und Zuteilungsmanie zunächst kompagnieweise und dann stubenweise an die 1530 Soldaten der Garnison vergeben wurde. Hier sollten sie auf einer eigenen Parzelle von etwa dreißig Quadratmetern »ihr Gemüse, Kräutelwerk etc. zu ihrer Nahrung säen und pflanzen können«. Die einzelnen Bataillonsgärten hatten in ihrer Mitte jeweils einen Brunnen und waren durch Alleen getrennt, die mit Maulbeerbäumen zur Seidenraupenzucht und anderen nützlichen Pflanzen gesäumt waren. Entlang der Alleen luden Ruhebänke zum Verweilen ein, und zur Verhinderung eines »freien Zutritts und zur Lehr angehender Offiziere« umgaben »bastionierte Retranchements« die Anlagen. Auf raffiniertere Varianten des Verschanzens musste man verzichten, weil der Boden steinig und die Bodenpreise sehr hoch waren. Das nötige Gerät wurde auf Kosten der Ökonomie-Kommissionen angeschafft.

Rumford sah in der Anlage der Militärgärten die Möglichkeit, einerseits die Soldaten durch sinnvolle Beschäftigung am Müßiggang zu hindern und an Arbeit zu gewöhnen und ihnen andererseits Kenntnisse in der Landbestellung zu vermitteln, die sie im Urlaub oder nach der Entlassung verbreiten und nutzbringend anwenden konnten. Außerdem lag ihm daran, neue Feldfrüchte wie die Kartoffel und die Futtermittel Rüben und Klee einzuführen.

Die Militärgärten fielen bald nach Rumfords Abschied von München und dem Regierungsantritt Max IV. Joseph im Jahr 1799 den eingeleiteten Sparmaßnahmen zum Opfer; das Areal wurde damals »aufs Neue und für immer« mit dem Englischen Garten vereinigt.

Das zweite große Reformvorhaben Rumfords ist in mehrfacher Weise nicht von der Militärreform zu trennen, denn einerseits trug das Elend der Soldaten und ihrer Familien wesentlich zur allgemeinen Armut bei, und andererseits half das Militär bei der Durchführung der Reform und der Arbeitsbeschaffung. Rumford nannte die Sorge für die Armen »eine der heiligsten Pflichten«. Seiner Meinung nach waren Ruhe und Ordnung in der Gesellschaft und auch Wohlstand und Ansehen des Staates untrennbar verbunden damit, dass alle Bürger unter erträglichen Umständen lebten.[23] Er unterschied – ganz im Sinne der

Ansicht des Militärischen Arbeitshauses zu München.

Aufklärung – zwischen Arbeitsfähigen und Arbeitsunfähigen. Für die Arbeitsfähigen wollte er Arbeitsplätze schaffen, für die nicht Arbeitsfähigen Unterstützung bereitstellen. Eine notwendige Folge der Durchführung der von Rumford vorgesehenen Maßnahmen war die weitere Bürokratisierung des öffentlichen Lebens.

Nachdem Rumford am 8. November 1788 einen »Unterthänigsten Vorschlag zur Errichtung eines Militärischen Arbeitshauses und eines Armen-Instituts«[24] vorgelegt hatte, ernannte der Kurfürst am 25. August 1789 eine Armen-Instituts-Deputation.[25] Der generalstabsmäßig durchdachte Reformplan wurde am Neujahrstag 1790, dem Tag, an dem Bettler traditionsgemäß besonders großzügig Almosen erhielten, in die Tat umgesetzt. Zunächst durchkämmten die Offiziere dreier Regimenter der Armee in Begleitung von Stadträten die Straßen von München und nahmen alle Bettler vorübergehend fest. Rumford berichtet, er sei mit gutem Beispiel vorangegangen, habe dem ersten Bettler, der ihn um Almosen ansprach, freundlich die Hand auf die Schulter gelegt, ihm erklärt, dass Betteln in Zukunft verboten sei, und ihm Unterstützung versprochen. Er hatte diese Aufgabe dem Militär übertragen, weil erstens Soldaten gewöhnt seien, Befehlen widerspruchslos zu gehorchen, und zweitens Bettler vor dem Militär mehr Respekt hätten als vor Zivilpersonen. Innerhalb einer Stunde waren die Straßen gesäubert. Fünf Tage später erhielten die Militärpatrouillen Anweisung, alle Bettler aufzugreifen und dem Armen-Institut zu übergeben. Dafür wurde ein Kopfgeld ausgeschrieben.[26] Dann wurden die Bettler ins Rathaus geführt, wo man ihre Personalien aufnahm und sie mit der Anweisung entließ, sich am nächsten Tag im Militärischen Arbeitshaus zu melden.

In diesem Militärischen Arbeitshaus wollte Rumford seine armenpolitischen und militärpolitischen Interessen mit Nützlichkeit und Menschenfreundlichkeit vereinen. Schon ein Jahr bevor Rumford seinen Vorschlag unterbreitete, war eine solche Idee unter Leitung des Hofkammerrats Piaggino weitgehend entwickelt worden, und offenbar kam es zwischen Piaggino und Rumford zu Meinungsverschiedenheiten um die Urheberschaft. Vermutlich aus Kostengründen entschied sich Karl Theodor für Rumfords Vorschlag und ordnete im März 1789 die Errichtung »einstweilen in jeder Stadt und Garnison, in Zukunft aber sobald thunlich in jedem beträchtlichen Orte«[27] an; Arbeitshäuser entstanden nur in Mannheim und München; für sie erhielt Rumford am 1. Juli 1790 die Oberaufsicht.

Als Münchner Arbeitshaus, über dessen Eingang stand: »Hier werden keine Almosen gegeben«, hatte Rumford eine am damaligen Stadtrand in der Au Ecke Paulanerplatz und Lilienstraße gelegene ehemalige Tuchfabrik gewählt und das fast verfallene Gebäude renovieren und um Küche, Speisesaal, Backhaus und Werkstätten erweitern lassen. Die Arbeitsräume um den gepflasterten Innenhof waren mit allem ausgestattet, was zum Spinnen, Weben, Nähen und Stricken von Hanf, Flachs, Baumwolle und Wolle, also zum Herstellen der Monturen, nötig war. Rumford wollte Verwaltung und Leitung des Hauses dem Militär überlassen, weil das dabei »nichts zu gewinnen und nichts zu verlieren« habe, also Kosten sparte. Die Betriebsführung war Aufgabe eines zentralen Komitees und von Fachleuten, denen sechzehn Vertreter der Ortsteile zur Seite standen. Die Verwaltung sollte wohlwollend sein und nach dem Grundsatz handeln, die dort Arbeitenden zunächst zufrieden und erst dann tugendsam zu machen und nicht, wie sonst allgemein befürwortet, zunächst tugendhaft, weil man hoffte, sie würden dann glücklich sein.

Die Einrichtung ging auf Kosten der Kriegskasse. Das zum Ankauf von Geräten und Rohmaterialien benötigte ungewöhnlich hohe Einlagekapital sollte sich durch den Verkauf von Uniformen an die Regimenter amortisieren. In erster Linie sollte das Arbeitshaus also ein nach wirtschaftlichen Gesichtspunkten geführter Manufakturbetrieb sein, in dem eine Armenabteilung in Serienarbeit Uniformen anfertigte. Da die Regimenter wegen ihrer schlechten Finanzlage die angeforderten Kleidungs-

und Monturstücke bald nicht mehr bezahlen konnten, erforderte das Unternehmen immer höhere Zuschüsse und wurde verlustreich.

In zweiter Linie sollte das Arbeitshaus eine Art Versorgungsanstalt sein, in der beurlaubte Soldaten Arbeit finden und dienstuntaugliche Soldaten oder Pensionäre und ihre Angehörigen gegen eine »verdienstmäßige Zulage« Beschäftigung als Hausmeister oder in der Küche, bei der Wäsche oder beim Säubern finden konnten.[28] Sie stellten die größte Gruppe der »freiwilligen« Arbeiter, zu denen auch Tagelöhner und Handwerksgesellen zählten, und für sie reichten die Arbeitsplätze nicht aus. Die Ideen Rumfords sind wohl außer an der schlechten Finanzsituation der Regimenter auch daran gescheitert, dass es nicht genug Arbeitshäuser gab.

Die meisten der im Militärischen Arbeitshaus beschäftigten Personen gehörten zur Gruppe der »Unfreiwilligen«. Sie bestand aus den Bettlern und Armen, die das Armen-Institut dorthin verwiesen hatte. In den ersten Jahren waren dort sieben- bis achthundert Arme beschäftigt, zuletzt nur noch 140, was zeigt, wie hilfreich die Einrichtung für die Eingliederung ins Erwerbsleben war. Innerhalb des militärischen Arbeitshauses vertrat die sogenannte Armenbesorgungsdirektion die Interessen der Armen. Weil Rumford in ihnen Arbeitseifer wecken und jede gesellschaftliche Herabsetzung verhindern wollte, zahlte er relativ hohe Löhne und sorgte dafür, dass Arbeiter, die besondere Leistungen erbrachten, bei Besucherführungen öffentlich anerkannt wurden und eine eigene Uniform erhielten. Auch eine leistungsbezogene Einteilung in Gruppen bot einen Anreiz.[29]

Rumford sah die beste Motivation zu einem ertragreichen Erwerbsleben in der frühzeitigen Gewöhnung an Arbeit und Lernen. Deshalb erhielten alle Kinder außer einem Mittagessen drei Kreuzer für die bloße Anwesenheit. Die jüngeren brauchten dabei nur den älteren, die leichte und einfache Arbeiten verrichteten, zuzusehen, bis sie, wie Rumford schreibt, »so unruhig wurden auf ihren Sitzen und so eifersüchtig auf die kleinen Arbeiter, dass sie oft mit großem Ungestüm zu arbeiten verlangten und oft herzlich weinten, wenn ihnen diese Bitte nicht sogleich gewährt wurde. Wie süß mir diese Thränen waren, kann man sich leicht vorstellen!«[30] Die Kinder besuchten täglich zwei Stunden lang eine dem Arbeitshaus angegliederte Schule, in der sie Lesen, Schreiben und Rechnen lernten, wobei Prämien und kleine Geschenke immer aufs Neue die Liebe zur Arbeit in ihnen weckten.

Die Armen erhielten ein kostenloses Mittagessen, wozu eine eigene Küche, ein Speisesaal und eine Bäckerei errichtet wurden; die freiwilligen Arbeiter erhielten täglich wechselnde Kost aus Fleisch und Gemüse, die unfreiwilligen dagegen ausschließlich Rumford-Suppe. Heimarbeiter konnten sich gegen Vorlage eines Berechtigungsscheins ihre Ration abholen. So wurden täglich tausend bis 1500 Personen in Gruppen von jeweils 150 Personen versorgt. Weil die Bemühungen Rumfords, die Kartoffel einzuführen, dort auf großen Widerstand stießen, fühlte man sich gezwungen, die Kartoffeln in einem separaten Raum »still und heimlich« zu verkochen und unter die Suppe zu mischen.

Auch die Arbeitsunfähigen erhielten im Arbeitshaus ein Mittagessen, denn sie »können aus einer öffentlichen Küche mit weniger als der Hälfte dessen, was sie ihre eigene Beköstigung kostet, gespeist werden«.[31] Sie warteten in einem eigenen beheizbaren Raum, bis die dort Beschäftigten ihre Mahlzeit beendet hatten. Sie mussten selbst für ihre Unterbringung sorgen, erhielten aber zweimal jährlich einen Mietzuschuss. Ein auf dem Gasteig eingerichtetes Versorgungshaus für achtzig Personen kümmerte sich unter Leitung eines Komitees um jene, die ganz auf sich gestellt waren. Wer wieder zum Betteln auf die Straße ging, wurde festgenommen.

Weil die Kostenfrage auch bei der Verpflegung immer einen sehr hohen Stellenwert hatte, ließ Rumford täglich eine Naturaliensammlung durchführen, bei der »Bediente täglich mit kleinen Karren, die zierlich eingerichtet und gemahlt und von

einem kleinen zierlich angeschirrten Pferde gezogen«, Brot,
Fleisch und Suppe einsammelten.[32] Nur die Brotsammlung jedoch erfüllte ihren Zweck, denn oft war die Suppe von schlechter Qualität und das Fleisch »schon übel riechend« angekommen. Altes aufgeschnittenes Brot jedoch bewährte sich als Sup-
peneinlage.

In diesem Arbeitshaus wurden Männer, Frauen und Kinder
über fünf Jahren je nach ihren Fähigkeiten mit Aufgaben versorgt, die sie zwölf bis vierzehn Stunden am Tag erfüllen sollten.
Sie erhielten dazu die jeweils erforderliche Ausbildung und eine
ihrer Leistung entsprechende Bezahlung; viele von ihnen erhielten Stücklohn. Im Speisesaal wurden morgens und abends je eine Stunde lang vor allem jene Kinder unterrichtet, um die sich
niemand kümmern konnte. Als es nötig wurde, die Produktion
zu erhöhen, organisierte Thompson ein System der Heimarbeit
und gab Coupons aus, die im Arbeitshaus in eine warme Mahlzeit umgetauscht werden konnten. Gesunde Bettler, die nicht
zur Arbeit kamen, erhielten weder Geld noch Nahrung, um
Kranke aber kümmerte sich in seiner Wohngegend ein Komitee.

Wie den Abrechnungstabellen zu entnehmen ist, finanzierte
sich das Armen-Institut aus »bestimmten« und »unbestimmten«
Einnahmen und aus freiwilligen Beiträgen. Rumford hoffte besonders auf Spenden der Bürger, denn er meinte, die Finanzie-
rung sei gesichert, wenn sie nur die Hälfte dessen geben würden, was sie bisher den Bettlern gegeben hatten. Deshalb ließ er
unmittelbar nach der Neujahrsaktion einen Aufruf verteilen, der
die Folgen des Bettlerunwesens schilderte und um freiwillige
Zuwendungen bat. Jeder Haushalt erhielt zwei »Subskriptions-
listen«, in der alle Mitglieder des Haushalts, auch Untermieter
und Dienstpersonal und sogar die Kinder mit den Beträgen auf-
geführt waren, die sie zu geben bereit waren. Eine Liste verblieb
beim Haushaltsvorstand, der für die Ablieferung des Geldes
verantwortlich war.

Aus diesen Haushaltsbögen stellte das Armen-Institut nach
Hausnummern geordnet sechzehn Distriktslisten zusammen,

nach denen der Distriktskommissar jeweils am letzten Sonntagmorgen eines Monats die ausgewiesenen Beträge einsammelte und an die Bankiers des Instituts weiterleitete. In einem »Sammlungsbericht« wurden Namen und Spendenbetrag, auf Wunsch auch unter einem Pseudonym, veröffentlicht. Diese Beträge machten etwa vierzig bis fünfzig Prozent der Einkünfte des Instituts aus. Der Löwenanteil der bestimmten Einnahmen kam vom Hofzahlamt; zu ihm trugen Kurfürst, Kurfürstin, Kurfürstenwitwe und Herzogwitwe bei. Hinzu kamen Erbschaften und die Erträge aus den in Kirchen, Wirtshäusern und anderen Einrichtungen aufgestellten Sammelbüchsen. Gleichzeitig schaffte ein Reskript vom Januar 1790 all die vielen Sammlungen ab, mit denen nicht nur für die Kirchen, sondern auch etwa für die Abgebrannten, die Lehrjungen, die Bruderschaften, die Barmherzigen Brüder und die Wandergesellen gesammelt wurde, die jetzt stattdessen aus dem Fonds des Armen-Instituts entschädigt wurden. Das traditionelle Almosengeben, das schon 1770 unter Strafe gestellt worden war, ließ sich jedoch nicht rasch ausrotten, denn noch 1796 klagte eine Verordnung, dass die Studenten trotz der 1790 erneuerten Strafandrohung öffentlich bettelten.

Rumford hatte Erfolg mit seinem Plan, die Wohltätigkeit in Mode zu bringen, und gewann erfolgreich – und durch die Listensubskription kontrollierbar – alle Münchner, vom Kurfürsten bis zum Kleinbürger, für die finanzielle Unterstützung seiner Pläne. Er gab sich die größte Mühe, die Kassengeschäfte möglichst durchsichtig zu machen, und verlangte von den damit Beauftragten guten Leumund und Zuverlässigkeit, weil sie den Armen als Vorbild dienen sollten, und ließ alle drei Monate eine detaillierte Zusammenstellung sämtlicher Einnahmen und Ausgaben drucken. Etwa sechzig Prozent der Einnahmen zahlten Priester jeweils am Samstag öffentlich in Anwesenheit von Deputierten, die von den Bürgern ernannt wurden, in klingender Münze entsprechend einer alphabetisch geordneten öffentlich einsehbaren Liste an die Armen aus. Der jeweilige Betrag wurde

von den Distriktskommissaren mit Unterstützung der Distrikts-
priester der Armendeputation nach Abwägen der Lebensumstände und der persönlichen Bedürfnisse festgelegt. Im Krank-
heitsfall wurden die Armen von Arzt und Apotheker auf Kosten
des Instituts versorgt und notfalls auch ins Krankenhaus einge-
liefert. Nicht in die Tat umgesetzt wurde die Einrichtung so genannter Assistenzkassen für verunglückte Handwerker und
Bauern, die ihnen eine Art Umschulung ermöglichen sollte, und
es kam auch nicht zur Einrichtung einer Industrie- und Arbeits-
schule, die die Jugend vom Müßiggang abhalten und an den
»heilsamen Arbeitsbetrieb« gewöhnen sollte.

Trotz der sorgfältigen Buchführung geriet das Institut bald in
den Verdacht finanzieller Manipulation. Schon drei Monate
nach Beginn der Tätigkeit ist erstmals vom »Samen des Miss-
trauens« die Rede, und anlässlich des dreijährigen Bestehens des
Armeninstituts sprach der Stiftsprediger Michael Lechner in seiner »Predigt über die Hindernisse der Wohltätigkeit« von Vor-
urteilen und Eigennutz, die der guten Sache schadeten.[33] Der
Stein des Anstoßes waren vor allem die hohen Verluste, die die
Kriegskasse durch das Arbeitshaus erlitt; wohl deshalb löste
Max IV. Joseph es bald nach dem Tod Karl Theodors auf. Die
Armen wurden an das Armen-Institut verwiesen, das ihnen
Spinnstuben einrichten sollte. Der finanzielle Erfolg, oder viel-
mehr Misserfolg, zählte also mehr als die armenpolitischen Vor-
stellungen, die zu dieser Einrichtung geführt hatten.

Das letzte große Reformprojekt im sozialen Bereich betraf
das Polizeiwesen. Diese Reform wurde dem zum Polizeiminister ernannten Rumford im Januar 1798, bald nach der erfolgreichen »Rettung Münchens«, als »Besorgung und Handhabung
der öffentlichen Ruhe und Ordnung in allem ihrem ausgedehn-
ten Umfange unmittelbar übertragen«.[34] Rumford ging mit
großer Energie an diese Aufgabe, erkannte aber die eigentliche
Schwierigkeit: »Die Aufstellung einer guten Polizei halte ich für
weniger schwierig, als den Ministern diese Pläne verständlich zu
machen.«[35]

Als Erstes erließ er ein Meldegesetz, das Fremde kontrollierte, wenn sie sich, außer zu Dult-, also Marktzeiten, länger als vierzehn Tage in einem Gast- oder länger als drei Tage in einem Privathaus aufhielten. Die »Wohnungs- und Personal-Nachweisung von Fremden« fragte nach Name, Adresse, Beruf, Familienstand, Herkunft, Dauer und Zweck des Aufenthalts. Rumford hob das Sperrfeld auf und setzte für Kaffee- und Bierschenken einheitlich elf Uhr als Sperrstunde fest, bestätigte aber die üblichen Freinächte. Weil er meinte, es gäbe im Verhältnis zur Einwohnerzahl zu viele Schenken, wollte er die Anzahl der Konzessionen für die Wein- und Bierzapfer, Branntweiner und Kaffeewirte allmählich auf die Hälfte reduzieren, indem er keine neuen ausgab und nicht genutzte einzog. Er verordnete die Reinhaltung der öffentlichen Straßen und Plätze, denn er meinte: »Der Einfluss der Reinlichkeit auf den Menschen ist so groß, dass er sich auch auf seinen sittlichen Charakter erstreckt.«[36] Ganz neue Wege ging er bei der Qualitätskontrolle der Lebensmittel, wobei er es mit den Zünften aufnehmen musste, die in den Städten ein Monopol hatten. Weil Brot das »erste Lebensbedürfnis« ist, wurden nicht nur wie bisher Qualität und Gewicht des Brotes kontrolliert, sondern Bäcker, die wiederholt das Gewicht »anhaltend und namhaft verkürzen«, streng bestraft und öffentlich namentlich genannt. Die Metzger hatten sich mit Recht darüber beschwert, dass die Regimentsmetzger auch an Bürger verkauften; als sie aber nach Abschaffung der Regimentsmetzger Fleisch trotzdem über dem staatlich festgesetzten Preis verkauften, förderte Rumford die Freibänke, auf denen jeder schlachten und zu den staatlich festgesetzten Preisen verkaufen konnte, und traf Vorkehrungen, sie in zentraler Lage in der Nähe des alten Hofs einzurichten. Daraufhin lenkten die Metzger ein.[37]

Als Polizeiminister setzte sich Rumford entschieden für eine Verbesserung der unhaltbaren Zustände in den Zuchthäusern ein. »Vieles«, so fand er, »bedarf einer schleunigen Änderung … Die Züchtlinge werden nicht nach der Verschiedenheit ihrer

Verbrechen und nach dem Grade der daraus und aus der moralischen Verdorbenheit zu bemessenden Verbesserung abgeurtheilt und behandelt, sondern sie sind alle untereinander in einem Gedränge eingekerkert und so entweder dem weiteren Verderben oder der Verzweiflung überlassen.« Außerdem, schrieb er, »leben sie in solch einem Qualm ungesunder Ausdünstungen, dass, wie mir versichert wurde, sehr oft das Licht von selbst auslöscht, und jeder, der nur die Thür zu diesem Aufenthalte des Elends öffnet, Gefahr läuft, in Ohnmacht zurückzusinken ... An einem solchen Orte in solcher Gesellschaft und bey solcher Behandlung wird der leichtsinnige, jugendliche oder verführte Frevler gleichsam zu einem unversöhnlichen Hasse gegen das ganze Menschengeschlecht aufgefordert und muss zum unverbesserlichen Bösewichte werden.« In Anbetracht der hohen Sterblichkeitsziffer der Gefangenen schrieb er: »Dieses sind zwar nur Züchtlinge, ... aber doch sind sie Menschen, die man einer Verbesserung fähig und der Todesstrafe nicht schuldig fand.«[38] Diese Gedanken erschienen damals vielen, Bürgern wie Beamten, als närrische Ketzerei. Der Kurfürst aber genehmigte und unterstützte die Reformvorschläge Rumfords großzügig, wodurch sich die Anzahl seiner Gegner weiter vergrößerte.

Insgesamt trifft wohl das Urteil von Marcus Junkermann zu: »Die wohlmeinenden und oft erfindungsreichen, aber letztlich halbherzigen Reformversuche des von den Gedanken der Aufklärung berührten Ancien Régime zeugen ebenso von rührender Menschenfreundlichkeit und naivem Erziehungseifer wie von bürokratischer Auf- und Zuteilungsmanie und uneffektivem Utilitarismus.«[39]

Der letzte Reformversuch, den Rumford in München unternahm, galt derselben Institution, der auch sein erster gegolten hatte, nämlich der seit 1759 bestehenden »Churbayerischen Akademie der Wissenschaften«. Die Akademie war in Schwierigkeiten, seit sie ihren beiden Klassen, der Historischen und der Philosophischen, 1777 eine dritte, »Belletristische« Klasse, hinzugefügt hatte, die der Illuminatenorden, ein radikal-aufklärerischer Geheimbund, schon bald unterwanderte. Das Verbot dieses Ordens 1785 führte zur Auflösung der Belletristischen Klasse. Karl Theodor erwog den Plan, die Akademie aufzulösen oder mit der angeblich älteren Mannheimer zu vereinigen. Rumford, der schon 1785 Ehrenmitglied der Philosophischen Klasse geworden war,[40] hatte am 15. Januar 1786 einen Reorganisationsentwurf vorgelegt, in dem er sich »feurig und entschieden« für den Fortbestand der Akademie einsetzt: »Es würde eine sichere Herabwürdigung Seiner Churfürstlichen Durchlaucht und Ihres im Fach der Wissenschaften so hoch erworbenen Ruhmes, eine Beleidigung für so viele der ansehentlichsten Männer in allen Ländern, die Mitglieder derselben gewesen sind, und eine Schande für das Vaterland gewesen seyn, wenn diese gänzliche Aufhebung für sich gegangen wäre. Geschweige, dass man der Akademie seit ihrem Daseyn das Geringste von Religionsbetastung oder Verderbens der Sitten zur Last legen kann, so stehen vielmehr einheimische und ausländische Zeugnisse dafür, dass sie dem Lande zu keiner Unehre, der vernünftigen Aufklärung und vorzüglich der Bayerischen Statistik durch Erklärung, Bearbeit- und Berichtigung der vaterländischen Geschichte zum außerordentlichen Nutzen gewesen ist. Er schlug unter anderem vor, die beiden Klassen gesonderte Sitzungen abhalten zu lassen, »da dieses bishero immer der Stein des Anstoßes gewesen ist, indem die Physiker immer Langeweile haben mussten, wenn historische Vorträge vorkamen und vice versa die Historiker bei physischen, ist diese separatio notwendig.«[41] Der Vorschlag wurde »mit Beifall aufgenommen, allein bis auf günstigere Umstände zurückgelegt«. Die Akademie war weiterhin gefährdet.

Als nach dem Tode Karl Theodors Max IV. Joseph und sein Minister Montgelas in einer klassischen »Revolution von oben« begannen, den Staat zu rationalisieren, zentralisieren und modernisieren, erwartete auch die Akademie, eine »moderne wohldotierte Anstalt an der goldenen, doch kurzen Leine des Staates« verwandelt zu werden.[42] Der Regierung fehlten aber offenbar Zeit und Mittel und auch ausgereifte Vorstellungen. Bei seinen Münchenbesuchen widmete sich Rumford auf Bitte des Kurfürsten der Akademiereform und schlug 1801 vor, die Physikalische Klasse nach dem Muster der Londoner Royal Institution umzugestalten, und empfahl 1802 nach dem Pariser Modell eine spezielle Akademie für Naturwissenschaften, Agronomie, Ökonomie und Politische Wissenschaften einzuführen, die fünf oder sogar sieben Klassen haben und, wie auch die preußische Akademie, naturwissenschaftlich und praktisch orientiert sein sollte: An erster Stelle nannte Rumford die Landwirtschaft, dann Chemie, Experimentalphysik, mathematisch-mechanische Wissenschaften, Handwerk und Manufakturen.[43]

Im April 1805 legte Rumford bei einem Besuch in München einen Entwurf vor, der beabsichtigte, »die Physikalische Klasse etwa nach dem Modell der von Rumford in London errichteten Sozietät umzugießen, gemeinnütziger zu machen und mit den Gewerben und Künsten in genauere Verbindung zu bringen, während die Historische Klasse durch das Ministerial-Departement der auswärtigen Angelegenheiten ... eine den Zwecken der Staatsverwaltung anpassende Tendenz« erhalten sollte. Der Kurfürst machte Rumford damals anscheinend Aussichten auf die Präsidentschaft einer erneuerten (Gesamt-)Akademie.«[44] Rumford war dem Gedanken nicht abgeneigt und fühlte sich sogar geschmeichelt, forderte aber sehr entschieden moderne technische Werkstätten, ein chemisches Laboratorium, eine Druckerei und eine Buchhandlung sowie für sich selbst einen jährlichen Forschungs- und Kontaktaufenthalt in Paris und London. Da Rumford nicht verhandeln, sondern diktieren wollte, fand dieses einseitige Projekt nur geringe Unterstützung. Ein in Akademiefragen einflussreicher Geheimer Referendär nannte ihn einen Scharlatan, ein anderer sagte, er sei von Haus aus ein Garkoch und sehe am Menschen nichts anderes als ein Wesen, das einen Magen hat, der gefüllt, und eine Haut, die bedeckt werden muss; ein Bewunderer seiner Experimentierkunst nannte ihn eitel und zudringlich. Ein gut informierter Zeitzeuge meinte, der Präsidentschafts- und damit der Reformplan sei im Wesentlichen daran gescheitert, dass Rumford sich nicht unterordnen konnte. Tatsächlich wird von ihm als designiertem Präsidenten der Ausspruch berichtet: »Wie soll ich unter den Ministern stehen, da ich immer, über allen, der Erste war?«[45]

Die Akademie brachte Ende 1805 den Mut zur Selbstreform auf und gewann unter dem international angesehenen Gelehrten und Publizisten Carl Ehrenbert von Moll Elan und Selbstbewusstsein.

Graf Rumford und seine Tochter

Rumfords Aufenthalt in England, für den ihm der Kurfürst 1795 sechs Monate Urlaub gewährt hatte, begann gar nicht gut: »Um sechs Uhr abends wurde meine Postkutsche an der St. Paul's Kathedrale aufgehalten und eines Koffers beraubt, der hinten am Wagen angeschnallt war und all meine Privatpapiere enthielt, all meine Originalaufzeichnungen und Notizen über wissenschaftliche Gegenstände.« Rumford meinte, dieser »gemeine Raub« habe ihn »der ganzen Früchte seiner Lebensarbeit beraubt«.[1] Glücklicherweise erhielt er einige Papiere zurück, nachdem er eine Belohnung von zehn Guineen ausgesetzt hatte, aber es blieb der unangenehme Verdacht, der Raub habe politische Hintergründe gehabt und mit den unterschiedlichen Ansichten der bayerischen und britischen Regierung zum Ländertausch zu tun. Wegen dieser Differenzen und weil sich einige Londoner sehr lebhaft an die Schwierigkeiten erinnerten, die ihnen Rumford als Benjamin Thompson bereitet hatte, und weil der jetzige Graf auf eine gewisse allgemeine Abneigung stieß, war er *persona non grata*. Viele seiner Feinde fragten sich, warum er wohl nach England gekommen sei, und hegten Argwohn gegenüber seinen Motiven und Absichten. Rumford war isoliert, bemitleidete sich selbst und versuchte, seine Sorgen mit anstrengender Arbeit zu betäuben.

Ein angenehmerer Aspekt seines Lebens war die herzliche Freundschaft mit Lady Palmerston, der er sein Herz ausschütten konnte. »Wollte Gott, dass meine Leiden ein Ende hätten«, schrieb er, »aber der Gedanke, dass mein guter Ruf eine Beute dieser verteufelten Schurken wird, die nicht aufhören, mich zu verfolgen, treibt mich in den Wahnsinn.«[2] Vor allem freute er sich auf den Besuch seiner Tochter Sarah, die er zuletzt als zwei Monate alten Säugling gesehen hatte. Sie war jetzt zwanzig Jahre alt und hatte nur indirekt und ergebnislosen Kontakt mit ihrem Vater gehabt, als 1792 ein Mr. Stacey in München mit einem Empfehlungsbrief seines alten Freundes Loammi Baldwin bei Rumford um die Hand seiner Tochter angehalten hatte. Sally, wie Sarah Thompson allgemein genannt wurde, war damals noch nicht volljährig und das Ganze einfach ein der Form entsprechender Antrag, aber Rumford fand überhaupt keinen Gefallen an dem Gedanken an der Verheiratung seiner Tochter und warf Mr. Stacey hinaus.

Der Besuch hatte jedoch das Eis gebrochen, nachdem der Tod von Rumfords Frau im Januar 1792 den Weg zu einer Begegnung mit seiner Tochter freigemacht hatte. Rumford hatte in seinem Brief vom 18. Januar 1793 bei Baldwin angefragt, ob man ihn in Amerika freundlich aufnehmen würde, und geschrieben: »Ich möchte vor allem anderen meine Tochter persönlich kennen lernen.« Er sandte ihr danach regelmäßig Geld. In diesem Brief schrieb er auch, wie gern er seine alte Mutter wiedersehen würde.

Sally war nach der fluchtartigen Abreise ihres Vaters von ihrer chronisch kranken Mutter aufgezogen worden, bis sie im Alter von vier Jahren von einer Tante in einer Nachbarstadt aufgenommen wurde, wo sie vor allem der Obhut einer Negersklavin anvertraut war, an der sie sehr hing. Als sie, inzwischen achtzehnjährig, nach dem Tod ihrer Mutter erkrankte, hatte sie offenbar keine engeren Bezugspersonen als die Familie Baldwin, die sie bei sich aufnahm. Außerdem kümmerte sich Reverend Dr. Joseph Willard, der Präsident des Harvard College in Cambridge, um sie.

Später, zwischen 1842 und 1845, als sie in Paris lebte, stellte Sally aus ihren Tagebucheintragungen eine Autobiografie zusammen und widmete diese unveröffentlichten ›Memoires of a Lady‹ written by herself‹ der zweiten Frau Baldwins. Sie schildert darin anschaulich das Leben einer jungen Dame der Londoner und Münchner Gesellschaft aus der Sicht einer Amerikanerin vom Lande und erzählt viel aus ihrem Leben, insbesondere von ihrer Beziehung zu ihrem Vater. Sie beginnt mit Erinnerungen an die »sehr glücklichen Umstände eines Landlebens«,[3] ihren »vielen angenehmen Bekanntschaften«[4], an »Ponyreiten und einsame Meditationen in schönen Wäldern«[5] und sagt, sie sei zwar »ohne wirklichen irdischen Schutz, aber doch von einer göttlichen Vorsehung« begünstigt gewesen.[6] Das Buch ist mit einigen ihrer eigenen Zeichnungen illustriert, die zeigen, dass sie das Talent ihres Vaters geerbt hatte. Ihrem jungen Leben fehlte jedoch eine gute Erziehung. Sie hatte einige Zeit im Mädchenpensionat einer Mrs. Snow in Boston verbracht, wo sie zwar gutes Benehmen und Tanzen lernte, sich aber keine fundierte Bildung aneignen konnte. Baldwin schrieb Rumford, Sally habe die ihr gebotenen Gelegenheiten gut genutzt,[7] aber was ihre Erziehung betraf, waren diese Gelegenheiten eng begrenzt.

Rumford fand erst im Herbst 1795 den Mut, seiner alten Mutter zu schreiben – der er bei dieser Gelegenheit Geld zusandte – und Sally einzuladen, zu ihm nach London zu kommen. Daraufhin fuhr die nun 22-jährige Ende Januar 1796 mit der ›Charlestown‹ von Boston ab und kam nach einer sechswöchigen Reise im März in London an. Sie überbrachte ihrem Vater einen Brief seines Freundes Baldwin, der sie ihm mit den Worten empfahl: »Sie hat einen edlen Sinn und braucht nichts als die Hilfe ihres Vaters, um ihre Gaben zu entwickeln.«[8]

Die erste Begegnung von Vater und Tochter muss traumatisch gewesen sein; offensichtlich waren beide Seiten enttäuscht. Sally hegte ihrem Vater gegenüber wohl zwiespältige Gefühle: Sie hatte zum einen anlässlich der Unabhängigkeitserklärung Amerikas diejenigen bedauert, die »ihr Land im Stich ließen und fahnenflüchtig sich von der Sache Gottes abwandten«, und den Ritterschlag ihres Vaters als eitle Ehrung empfunden: »Kann dies ein Ersatz sein für die Trennung von Freunden, von allem, was einem teuer ist auf der Welt?«[9] Sie hatte ihren Vater sich ihn als Krieger mit martialischem Blick und Schwert vorgestellt, vielleicht sogar mit einer Pistole im Gürtel, und brach in Tränen aus, als sie ihn eher mager und blass fand. Rumford bemerkte, Sally sehe besser aus, als er erwartet hatte, was kein großes Kompliment war. Er hatte wohl gehofft, sie werde sich leicht in die Art Gesellschaft einfügen, in der er in London verkehrte, fand aber ein Mädchen vom Lande vor. Während er mit seinem bayerischen Diener Aichner in einem großen Hotel an der Pall Mall lebte, brachte er Sally und ihre bayerische Zofe Annamirl, deren Namen Sally phonetisch Anymeetle schrieb, in der nahe gelegenen Pension von Mrs. Luckington unter.

Sallys Mangel an gesellschaftlichen Umgangsformen wurde offensichtlich, als sie in den vornehmsten Kreisen und in der Oper so unpassende Bemerkungen machte, dass ihr Vater sie beschwor, den Mund zu halten. Es gefiel ihm auch überhaupt nicht, als sie, mit ihrer Zofe zum Einkaufen geschickt, außer mit dem Stoff für einen damals modischen Umhang mit der allerteuersten und elegantesten Spitze zurückkam, die sie, gar nicht an den Umgang mit Geld gewöhnt, zufällig in einen sehr feinen Laden geraten, großzügig gekauft hatte. Sechs paar hübsche Schuhe schienen ihrem Vater ebenfalls eine extravagante und ziemlich geschmacklose Geldverschwendung zu sein. Noch mehr verletzte sie Rumfords Gefühle, als sie den mühsam gelernten englischen Knicks, der sich durchaus vom amerikanischen unterschied, einmal vor einer Haushälterin machte, weil sie diese mit der Gastgeberin verwechselt hatte. Diese Vorfälle versetzten Rumford in große Verlegenheit, und er versuchte, solche Peinlichkeiten zu verhindern, indem er seine Tochter im Frühjahr 1796 in die Internatsschule der aus Frankreich emigrierten Marquise de Chabanne verbringen ließ, wo sie mit anderen höheren Töchtern im Umgang mit Menschen erzogen wurde. Auch Reitunterricht musste Sally nehmen.

Inzwischen hatte Rumford für seine schriftstellerischen Arbeiten mit Hilfe von Lord Sheffield die Verleger T. Cadell jun. und W. Davies gefunden,[10] die Anfang 1796 Rumfords ersten Essay ›Nachricht von einer Armen-Anstalt zu München‹ und bald darauf die beiden weiteren ›Über die allgemeinen Grundsätze, auf welche allgemeine Armen-Anstalten in allen anderen

Ländern gebauet werden müssen‹ und ›Über Speiße und vorzüglich über Beköstigung der Armen‹ herausbrachten. Diese drei Aufsätze waren Zusammenfassungen der Arbeiten, die er in Bayern angeregt und betreut hatte. Der vierte Essay ›Über Kaminfeuerheerde, nebst Vorschlägen zur Verbeßerung derselben, um Brennstoff zu sparen, die Wohnhäuser angenehmer und gesünder zu machen und das Rauchen der Schornsteine ganz zu verhüten‹ befasste sich mit dem Übel, das, wie ein beliebter Spottvers sagte, nach einer unzufriedenen Ehefrau das Schlimmste ist, nämlich die vielen qualmenden Londoner Schornsteine und die starke Luftverschmutzung.[11]

Rumford widmete seine Essays übertrieben schmeichlerisch Seiner Durchlaucht, dem Kurfürsten der Pfalz, regierenden Herzog von Bayern und schloss mit den Worten, ihm sei » sehr daran gelegen, seiner Durchlaucht dem Kurfürsten öffentlich für alle erwiesene Freundlichkeit zu danken; ganz besonders für die hohe Ehre, die Sie mir erwiesen haben, indem Sie mich zum Werkzeug erwählten und in Ihren Händen dazu verwandten, Gutes zu tun«.

Rumford schrieb viel und oft pedantisch genau und enorm umständlich. Seine Versuchsbeschreibungen sind unmissverständlich klar und leicht wiederholbar, gelegentlich allerdings schrieb er oft wie für ein etwas dümmliches Kind, und dann sind seine Essays schwer zu lesen. Manche Stellen sind unfreiwillig komisch, so etwa, wenn er angibt, wie ein nach seinem Rezept hergestellter Brotpudding zu essen sei: »Man verspeise den Pudding mit Messer und Gabel, wobei man am äußeren Rand der Scheibe beginnt und sich der Mitte mit Regelmäßigkeit nähert; dabei wird jedes Stück des Puddings mit der Gabel aufgehoben und in die Butter getaucht – oder, wie dies wohl allgemein üblich ist, nur teilweise in die Butter getaucht, ehe es zum Munde geführt wird.«[12]

Rumford ist erfüllt von der »unersättlichen Neugierde des Yankee«[13] und lässt Staunen und Wundern durchklingen – was in heutigen wissenschaftlichen Arbeiten wenig Raum hat. So schreibt er: »Der Schnee, der die Oberfläche der Erde unter hohen Graden der Breite im Winter bedeckt, ist ohne Zweifel vom Schöpfer zur Bekleidung jener Gegenden bestimmt, um sie gegen die rauhen Winde aus den Polar-Gegenden zu schützen.«[14] Immer wieder zeigt sich, mit welch offenen Augen er die physikalischen Vorgänge in der Welt beobachtet und wie er in fast allem einen Anlass zum Experimentieren findet: »Beim Essen bemerkte ich nämlich oft, dass besonders einige Speisen ihre Hitze länger behielten als andere; vorzüglich blieben Apfel-Pasteten und eine Mischung von Äpfeln und Mandeln erstaunlich lange heiß … Nie verbrannte ich mir den Mund daran, ohne (obgleich vergeblich) zu versuchen, diese merkwürdige Erscheinung auf eine befriedigende Art zu erklären.«[15] Solche Beobachtungen führten ihn schließlich zur Entdeckung des Wärmetransports durch Konvektion.

In anrührenden, geradezu poetischen Passagen bewundert Rumford die Weisheit des Schöpfers: »Mir scheint, dass im ganzen Bereich der erschaffenen Natur, oder so weit und tief das menschliche Denken reicht, kein schlagenderer und fühlbarerer Beweis der göttlichen Weisheit und der besonderen Fürsorge des Schöpfers für alle lebenden Wesen im Weltall existiert als diese wunderbare Einrichtung [Anm.: der maximalen Wasserdichte bei 4°C]. Denken Sie sich einen See unter einem klaren Winterhimmel«, fährt er fort und schildert den Kreislauf des Gefrierens, falls Eis schwerer wäre als Wasser. »Die Folge davon muss der Tod jedes lebenden Wesens im Wasser sein. Aber das Eis bildet ein schützendes Dach über den lebenden Wesen der Tiefe … Hätte die Vorsehung hier nicht in einer Weise eingegriffen, die wir wunderbar nennen dürfen, so würde das ewige Eis sich … in seiner Einsamkeit ausbreiten … würde man nichts hören als das Heulen der Stürme, nichts sehen als Eis und Schnee.«

Insgesamt sind die Bücher voll origineller Ideen und praktischer Einfälle, mit denen er seiner Zeit weit voraus war. Sie verkauften sich gut und brachten ihm sowohl Ruhm als auch Tantiemen, was ihn zu weiteren Essays ermutigte. Noch pragmatischer und effektiver als im Aufschreiben seiner Ideen war er jedoch bei ihrer Ausführung. So bereiste er ganz England, Schottland und Irland, um Krankenhäusern Ratschläge für die Verpflegung zu geben, bot seine Dienste aber auch Einzelpersonen an: Er entwarf beispielsweise für Lady Palmerston einen neuen Kamin.

Solche Tätigkeiten machten ihn wohlhabend, aber auch das viele Geld auf der Bank und seine Tochter im Land machten ihn nicht restlos glücklich. Er sorgte sich um die Zukunft. Baldwins Antwort auf die schon 1793 gestellte Frage, ob er in Amerika willkommen sein würde,[16] ließ lange auf sich warten, ermutigte ihn dann zur Rückkehr,[17] aus der allerdings nie etwas wurde.

Etwa zu dieser Zeit beschloss Rumford, dass seine Tage als Staatsmann vorüber waren und seine Zukunft in der Naturwissenschaft lag. Um sicherzugehen, bot er im Juli 1796 der Royal Society in London ein Kapital von tausend Pfund und zugleich der American Academy of Arts and Sciences in Boston eines von fünftausend Dollar an, dessen Zinsen als Preise für neue Erfindungen verliehen werden sollten, die im Zusammenhang mit Heizung oder Beleuchtung »der Menschheit zum größten Wohl dienten«.[18] Zunächst waren einige unangenehmere Einzelheiten zu klären, etwa, dass Rumford unbedingt der erste Preisträger sein wollte, aber dann wurden Rumford-Medaillen geprägt, die auch heute noch von beiden Institutionen verliehen werden.

Dann warf eine völlig unerwartete Einladung im Juli 1796 jedoch alle Zukunftspläne über den Haufen. Karl Theodor ersuchte ihn durch

Die von der Royal Society verliehene Rumford-Medaille.

93

einen Sonderkurier, sofort nach München zurückzukehren, um die Stadt vor der Gefahr zu bewahren, die ihr von Franzosen und Österreichern gleichzeitig drohte. Da Rumford in jeder Situation, auch einer scheinbar aussichtslosen, eine günstige Gelegenheit sah, traf er die notwendigen Reisevorbereitungen. Er beschloss eher widerwillig, Sally mitzunehmen, was bedeutete, dass er zwei Kutschen und weitere Diener brauchte, und er gab sich Mühe, die beste Reiseroute zu finden, um den vielen Scharmützeln, die sich allerorts abspielten, aus dem Weg zu gehen. Er kaufte auch ein schönes englisches Pferd als Geschenk für Gräfin Nogarola.

Die Reisegesellschaft machte sich am 24. Juli in Yarmouth auf den Weg und brauchte fast drei Wochen, bis sie über Hamburg, Leipzig, Plauen und Regensburg endlich München erreichte. Die Reise war beschwerlich, weil sich oft keine geeignete Unterkunft fand und Rumford und seine Tochter viel stritten. Eine erfreuliche Unterbrechung war für Sally der Besuch der Leipziger Messe: »Wir mussten einen Tag dort verbringen, da infolge der Messe keine Pferde zur sofortigen Weiterfahrt zu bekommen waren. Ich kaufte viele kleine Kuriositäten, die ich zur Erinnerung eine lange Weile aufhob.«[19] Für Rumford war vermutlich vor allem die Nacht erfreulich, die er mit einer alten Flamme, der Baronin de Kalb, verbringen konnte.

Wir verdanken Sally eine Landschaftsschilderung, in der sie sich als aufmerksame und weit gereiste Beobachterin zeigt: »Die herrlichen, reichen Roggenfelder der beiden sächsischen Länder waren gerade in vollster Reife, kurz vor der Ernte – ein eindrucksvoller Anblick für den, der an abgegrenzte Landschaften gewöhnt ist, und ein Bild großer Fülle. Die Straße bot dem Wagen kaum genügend Platz für die Räder; das Land, in dem weder Zaun noch Hecke, nur wenige Bäume und noch weniger Menschen und Tiere zu sehen waren, sah ganz verzaubert aus und glich eher den endlosen Wogen des Meeres als bebautem Boden. Allerdings – nach einer Weile kommt man in ein hässliches, schmutzig aussehendes Dorf, das einem alle schönen Illusionen zerstört; aber hier sieht man hübsche, blauäugige Frauen und Kinder mit hellen Haaren und weißen Gesichtern.«[20]

Sally erlebte die Ankunft in München als freudiges Ereignis, und die freundliche Stadt heiterte sie auf. Besonders nach der erfolgreichen »Rettung Münchens« durch Rumford war die Atmosphäre dort im Herbst 1796 sehr angenehm und heiter und gefiel Rumford und der zur Gräfin Rumford ernannten Sally ausgezeichnet. Rumford lebte in großem Stil mit seinen Adjutanten Captain Taxis[21] und Leutnant Spreti, Kammerdiener, Kutscher, Pferdeknecht, Leibarzt und vielen weiteren Dienern. Rumford gab zu Ehren der jungen Kurfürstin ein großes Fest im Englischen Garten mit Kahnfahrten, einem Tanz der neun Musen im Apothekenhof, der Vorführung einer bayerischen Bauernhochzeit, Wettrennen zu Fuß und anderen Lustbarkeiten. Der Englische Garten war beleuchtet, auch die farbigen Glocken am Chinesischen Turm, wo ein eben in München anwesender »Chineser in seinem Nationalkostüm die nach der Residenz zurückkehrenden Herrschaften in seiner Muttersprache begrüsste«.[22]

Rumford nahm die Gedanken über seine wissenschaftliche Karriere, die er sich in England gemacht hatte, in München wieder auf. Insbesondere führte er die während seines ersten Englandaufenthalts begonnenen Versuche zur Messung der Explosivkraft von Schießpulver fort und veröffentlichte die Ergebnisse am 4. Mai 1797 in einer Arbeit für die Royal Society. In diese Zeit fallen auch seine berühmten Versuche zum Kanonenbohren, auf denen sein Ruf als Wissenschaftler wesentlich beruht.

Rumford nutzte seine Zeit ebenfalls zum Schreiben weiterer Essays, die sich vor allem mit der Ausbreitung von Wärme in Flüssigkeiten befassten und eine Fortführung seiner früheren Arbeiten zur Messung der Wärmeleitfähigkeit von Stoffen darstellten. Als jemand, der sich keine Gelegenheit entgehen ließ, seine eigenen Verdienste anzupreisen, sandte er Kopien seiner Aufsätze an den König und die Königin von England, an Präsident Washington in Amerika, an Zarin Katharina von Russland

Das Straßenschild der Rumfordstraße (Foto von Colin Oakley).

und viele andere internationale Größen. Er schaffte es auch, seine Aufsätze mit Hilfe von Baron de Kalb, dem Gatten seiner guten Freundin Laura, auf Deutsch und mit Hilfe seines Genfer Bewunderers Professor Pictet auf Französisch zu veröffentlichen.

Aber das Leben war für Rumford niemals nur Arbeit, sondern auch Vergnügen. Während er diese Versuche durchführte, fand er Gelegenheit zu geselligem Zeitvertreib. Im Juli machte er mit Sally eine Ferienreise, im August verbrachte er acht Tage mit der Fürstin Therese von Thurn und Taxis, einer Schwester der preußischen Königin Luise, in Berchtesgaden und Salzburg, und er versuchte, Lady Palmerston zu überreden, die Wintermonate mit ihm zu verbringen.

Sally fühlte sich in München viel wohler als in England. Sowohl das Wetter als auch die Lebensweise sagten ihr zu. Das für sie faszinierende Hofleben wurde von der jungen Maria Leopoldina bestimmt, einer Enkelin Maria Theresias, die wie schon erwähnt als fast noch Siebzehnjährige den 71-jährigen Karl Theodor geheiratet hatte. Man witzelte gern über die Umkehrung des Alters[23] und darüber, wie es den unterschiedlichen Temperamenten entspräche – der alte Introvertierte und die junge Extrovertierte hatten anscheinend wenig Gemeinsamkeiten. Es gab eine endlose Runde von Bällen und Festen in der Sommerresidenz Nymphenburg und Ausflüge an den Starnberger See und den Ammersee. Sally erzählt davon in ihrem Tagebuch:

»Die Zerstreuungen bei Hof waren von vornehmer Art … Die Kurfürstin war nicht nur hübsch und kultiviert, sondern gab sich den Amüsements mit unermüdlichem Eifer hin – in stärkstem Gegensatz zu dem alten Kurfürsten, der sich nur nach Ruhe und Schlaf sehnte. Aber da alles nach dem Wunsch der schönen, lebhaften Fürstin ging, war des Trubels kein Ende. Ein Ball folgte auf den anderen, Gesellschaften und Konzerte jagten sich. Das herrliche Schloss Nymphenburg, die Sommerresidenz, war eine Stätte des Frohsinns, der Mode und Eleganz. Die junge Kurfürstin stand bei all dem an der Spitze; sie sang recht hübsch, manchmal sogar vor der Öffentlichkeit, und tanzte gut, wenn auch ein wenig lahm. Es war höchst unterhaltend, Zeuge der ehelichen Kämpfe des kurfürstlichen Paares zu sein – er starrte unverwandt zur Tür und wartete ungeduldig auf den Augenblick, da er sich zurückziehen konnte; sie dagegen, in der schmeichelnden, schlauen Art junger Leute, rief immer wieder: ›Nur noch einen Tanz! Nur noch einen Tanz!‹«[24]

»Mein Vater wohnte wirklich großartig«, schrieb Sally später, »in einem eleganten, luxuriös eingerichteten Palast.«[25] Dort verbrachte Sally viele Stunden auf ihrer Chaiselongue, wobei sie eine Tasse Schokolade nach der anderen trank. Anscheinend war Rumford damals mit Sally recht zufrieden, denn er schrieb Baldwin, Sally sei der Trost seines Lebens, »ein sehr braves Mädchen, das hier von jedermann, der sie kennt, geliebt wird«,[26] und er schenkte ihr einen struppigen weißen Hund, der Cora hieß, offenbar um sie für den Gedanken einzunehmen, sich durch Unterricht fortzubilden. Er hatte Madame Veratzky beauftragt, Sally ihre Dienste als Lehrerin für Musik und Französisch anzutragen, und den katholischen Geistlichen Dillis als Zeichenlehrer gewonnen.

»Es ist nicht ungewöhnlich«, schreibt Sally, »dass diese Klasse von Leuten Berufe hatte, da ihr Gehalt als Kirchenbeamte sehr klein war. Dieser Dillis zum Beispiel war einer der besten Menschen auf der Welt und seiner Berufung als Priester würdig; mit Hilfe seines winzigen Gehalts und seines großen Fleißes unterstützte er seine betagten Eltern und unterhielt drei jüngere Brüder.«[27] Rumford hatte auch den Italiener Alberti »sehr wohlweislich ausgesucht – als Gegengift gegen die romantische Leidenschaft, die bekanntlich von den Männern dieses Volkes so leicht geweckt wird.« Sally nennt ihn »einen Ausbund von Hässlichkeit«, schreibt aber auch: »Er war ein sehr gutmütiger, gutartiger Mensch und ein Meister seines Berufs.« Außer vom Zeichnen bei Dillis hielt Sally allerdings nicht sehr viel vom Unterricht.[28]

Vermutlich war sie oft mit anderen Gedanken beschäftigt, denn es hatte sich eine Beziehung zwischen ihr und dem jungen Adjutanten ihres Vaters angebahnt, als sie bei einem Ausritt im Englischen Garten vom Pferd gefallen war. Sie war nie gern geritten, jetzt aber genoss sie es, dass Graf Taxis ihr »bei dieser Gelegenheit so viel Mitgefühl und Freundschaft« bewies. Die Begegnung am Abend darauf bei einem Hofball verdrehte ihnen wohl beiden den Kopf. Sally hatte anschließend einen »heftigen Fieberanfall« und war sechs Wochen lang sehr krank – es war die Zeit, als Goethes ›Die Leiden des jungen Werther‹ auf die Jugend Europas größten Einfluss hatten. Die jungen Leute begegneten sich erneut im März 1797 anlässlich der Feier zu Rumfords 44. Geburtstag, bei der sie tanzten und flirteten.

Ausgerechnet an diesem Tag und bei dieser Gelegenheit erfuhr Sally zufällig, dass sie eine Halbschwester hatte. Dieser »grausame Schlag« traf sie noch härter durch die Umstände, unter denen sie die Nachricht erfuhr. Sally hatte nämlich mit Hilfe der Gräfin Nogarola viel Zeit und Mühe auf die Vorbereitung des großen Festes verwandt, für das die Kinder der Gräfin Lieder gelernt und Kinder aus dem Arbeitshaus ein Spiel vorbereitet hatten und Sally selbst sogar einen italienischen Glückwunsch verfasst hatte. Als aber die kleine Sophy Baumgarten auftauchte, wurde sie »zum Objekt größter Aufmerksamkeit seitens meines Vaters ausersehen.« Auf die Frage, warum ihr Vater die Nähe dieses Kindes suchte, gab Gräfin Nogarola eine ausweichende Antwort, und dann fiel es Sally wie Schuppen von den Augen:

»Die verblüffende Ähnlichkeit, die zwischen meinem Vater und der erwähnten Sophy bestand, ließ in mir keinen Zweifel übrig, dass ich mich nun nicht mehr, wie bisher, als einziges Kind betrachten durfte. ... Diese Erkenntnis machte mich höchst unglücklich. Meine Überraschung, mein Ärger war groß.«[29] Bevor sie am Morgen darauf ihren Vater – er hatte sie, was sehr selten vorkam, zum Frühstück eingeladen – nach Sophy fragen konnte, wies er sie wegen ihres Verhaltens gegenüber Graf Taxis zurecht. Damit erhielt die Beziehung zwischen Vater und Tochter einen unheilbaren Bruch: »Dann aber packte mich ein Gedanke – und dieser Gedanke hieß Vergeltung ... oder, ungeschminkt ausgedrückt: Rache!«[30] Wir wissen nicht, ob und wie sie diesen Gedanken in die Tat umgesetzt hat.

Rumford untersagte seiner Tochter offenbar, den Grafen wieder zu sehen. Als sie ihn im Haus der Gräfin Lerchenfeld bei einem Essen traf und Rumford davon erfuhr, nahm er an, es habe sich um eine »Weiberverschwörung« gehandelt, und stellte Sally zur Rede. »Ich fühlte mich völlig unschuldig«, berichtet sie, »und ich war es auch ... Dann packte mich ein unwiderstehlicher Lachreiz. Und platzte mit umso größerer Gewalt heraus. Das Ende war, dass mein Vater mir eine Ohrfeige gab!« Als der junge Graf davon erfuhr, bat er Gräfin Nogarola, für ihn um Sallys Hand anzuhalten: Man könnte denken, er sei ein sehr willkommener Schwiegersohn gewesen, aber Rumford setzte alle

Hebel in Bewegung und sorgte dafür, dass das Regiment des Grafen sofort Befehl erhielt, München zu verlassen. Damit ließ er den zweiten Freier ohne weitere Umstände gehen.

Das Geburtstagsfest hatte einen weiteren unerwarteten Nebeneffekt. Rumford war von der Vorführung der Kinder aus dem Arbeitshaus so begeistert, dass er, wie er Baldwin schrieb, Sally auf der Stelle für 2000 Dollar amerikanische dreiprozentige Wertpapiere schenkte. Er knüpfte daran die Bedingung, dass sie diese in ihrem Testament als Kapital zur Neueinkleidung von bedürftigen, fleißigen Kindern bestimmte, die alljährlich an ihrem Geburtstag erfolgen solle. Sally wünschte sich, dass es die Kinder ihres Geburtsortes Concord sein sollten. Der Stadtrat von Concord, der über die Annahme der Stiftung zu genehmigen hatte, entschied sich schließlich, das Geld anzunehmen, hielt aber nichts von einer solchen »Kostümierung«. Sally vergaß die Verabredung nicht und vermachte der Stadt in ihrem

Unterschrift und Siegel von Rumford und die Unterschriften von Gräfin Nogarola und von Sarah als Zeuginnen.

Testament ein Vermögen, dessen Bestimmungen die Stadt 54 Jahre nach diesem Fest erfüllte.

Wenn auch der Hauptgrund für Rumfords wohltätige Gabe Rührung gewesen sein mag, zeugte sie doch auch davon, dass er an die Rückkehr nach Amerika dachte. Der Traum von der Rückkehr wurde sicherlich durch die Ungewissheit über seine Zukunft wieder belebt. Jedenfalls reisten Graf und Gräfin Rumford im September 1797 nach London, wo sich Sally schon nach einigen Monaten zur Rückkehr nach Amerika entschloss. Ihr gefiel das Leben in England viel weniger als ihrem Vater, und sie meinte, »nur in der Luft Amerikas atmen zu können«. Die Beziehung zwischen Vater und Tochter war zerstört, seit Rumford ihre Beziehung zu Graf Taxis vereitelt hatte und sie von ihrer illegitimen Halbschwester wusste, und sie hatte in England nur wenige Freunde.

Einer dieser Freunde war Sir Charles Blagden, ein angesehener und wohlhabender Arzt und Sekretär der Royal Society, fünf Jahre älter als Rumford und einer seiner besten Freunde. Blagden hatte bei Rumford schriftlich um die Hand seiner Tochter angehalten, dieser erzählte ihr daraufhin – ohne von Blagdens Antrag zu sprechen – immer wieder davon, wie unsympathisch Blagden im Umgang mit Frauen war. Als Sally von dem Antrag erfuhr, lehnte sie ab, und die Sache wurde nie wieder erwähnt. Blagden und sie blieben jedoch befreundet und wechselten viele Briefe. Im August 1799 kehrte sie nach Massachusetts zurück.

Sally führte während der nächsten zwölf Jahre ein unstetes Leben. Sie war ihrem Vater bei der Abreise wie ein Vogel erschienen, den man aus dem Käfig gelassen hatte, aber ihr kam es vor, als ob sie vom Himmel auf die Erde gefallen sei.[31] Wie sollte ihr, die den Glanz der europäischen Höfe gesehen hatte, das Milieu der amerikanischen Städtchen zusagen? Sie war mit ihren 25 Jahren finanziell unabhängig, wurde als Gräfin angesprochen und erzählte gern vom Leben der Menschen in England und Deutschland. Ihr Vater schrieb ihr viele lange Briefe – zwischen 1799 und 1811 insgesamt 104 –, in denen er sie an seiner Arbeit und seinem Privatleben Anteil nehmen ließ. Sie hätte ihren Vater wohl gern wieder besucht, wartete aber zunächst lange vergeblich auf eine Einladung. Erst 1811 sah sie ihn wieder, als er nach seiner gescheiterten zweiten Ehe in Auteuil bei Paris lebte und dringend um ihren Besuch bat.

Rumford als Wegbereiter der Thermodynamik

Außerhalb Bayerns ist Rumford heute vor allem als Naturwissenschaftler bekannt, und als solcher veröffentlichte er über fünfzig Arbeiten.[1] Er bezeichnet Versuche über die Eigenschaften der Wärme in seinen ›Abhandlungen über die Wärme‹ 1804 als eine seiner »erfreulichsten Beschäftigungen«, was er darauf zurückführt, dass er als Sechzehnjähriger in dem Buch ›New Methods of Chemistry‹ des holländischen Physikers, Botanikers und Chemikers Hermann Boerhaave eine »bewundernswerte Abhandlung über das Feuer« gelesen hatte. »In der Folge ward ich zwar oft durch andere Angelegenheiten verhindert, mich mit [dem Feuer] zu beschäftigen, sobald ich aber nur einen Augenblick Zeit gewann, kehrte ich immer von neuem, und immer mit wiederholtem Vergnügen zu ihm zurück.«[2] Und am 8. November 1797 hatte er geschrieben: »Ich kann mir keine größere Freude vorstellen als die, die verborgenen Kräfte der Natur zu entdecken und sie hervorzurufen.«[3]

Genau das tat er 1797 in seinen berühmtesten Experimenten im Münchner Zeughaus, bei denen er maß, wie viel Wärme beim Bohren einer Kanone erzeugt wird, und deren Ergebnisse er am 25. Januar 1798 der Royal Society vorlegte. Die Arbeit[4] wurde 1798 in drei deutschen Fachzeitschriften veröffentlicht und erschien unter dem Titel »Untersuchung der durch Friction erzeugten Wärme« 1800 in Band II seiner ›Kleinen Schriften‹; sie trug wesentlich zur Klärung der damals intensiv, aber wenig überzeugend geführten Diskussion über die Wärme bei.

Jeder weiß, ob er sich warm oder kalt fühlt, aber auch heute können wohl nur wenige Menschen die Fragen: Was ist Wärme? oder: Was ist Kälte? schlüssig beantworten. Früher waren die Antworten auf diese Fragen ausgesprochen unklar. Ähnliche

Probleme stellten sich damals auch zur Beschaffenheit von Licht, Feuer, Elektrizität, Magnetismus und Schwerkraft. Das Fehlen dieses Wissens und die Tatsache, dass viele der damals aufgestellten Theorien aus heutiger Sicht naiv erscheinen, zeigt, wie schwierig die Einsicht in das Wesen der Materie und ihrer Zustände ist.

Zu Rumfords Zeit gab es zwei einander widersprechende Theorien über die Wärme. Die eine, die wir heute als kinetische Wärmetheorie bezeichnen, beruht auf der bekannten Tatsache, dass ein Festkörper durch Reiben und Hämmern erwärmt wird. Ihr Grundgedanke ist, dass die Wärme eines Körpers mit der unablässigen, unsichtbaren Bewegung der Teilchen verknüpft ist, aus denen er besteht. Reiben oder Hämmern eines Festkörpers verstärkt diese Bewegung, und dadurch wird er wärmer. Schon Francis Bacon (1561–1626), ein früher Vertreter dieser Theorie, schrieb: »Die Wärme selbst ist nach Wesen und Eigenart Bewegung und nichts anderes ... nicht gleichförmig des ganzen Körpers, sondern seiner kleineren Teile ... so dass der Körper eine andere Bewegung annimmt, ein fortwährendes Zittern, Streben und Kämpfen ... woher das Ungestüm der Hitze rührt.«[5]

John Locke (1632–1704) sagte dasselbe anders: »Wärme ist eine sehr rasche Bewegung der unsichtbaren Teile des Objekts, die in uns das Gefühl bewirkt, aufgrund dessen wir den Körper heiß nennen; was wir also als heiß empfinden, ist in dem Objekt nichts anderes als Bewegung.«[6] Robert Hooke (1635–1703) nannte Wärme »nichts anderes als ein rasches und lebhaftes Schütteln der Teile eines Körpers«.[7]

Auch Robert Boyle (1627–1691), Isaac Newton (1642 bis 1727), Gottfried Wilhelm Leibniz (1646–1716), Henry Cavendish (1731–1810), Thomas Young (1773–1829) und Humphrey Davy (1778–1829) waren Anhänger der kinetischen Wärmetheorie, aber in der zweiten Hälfte des 18. Jahrhunderts gewann eine andere – die kalorische – Theorie Oberhand. Sie verdankte ihre Beliebtheit vor allem dem gelegentlich als Vater der modernen Chemie bezeichneten Antoine Lavoisier (1743–1794) und wurde von Joseph Black (1728–1799), dem Marquis de Laplace (1749–1827), John Dalton (1766–1844), John Leslie (1766–1832), Claude Berthollet (1748–1822) und Jöns J. Berzelius (1779–1848) vertreten.

Nach der kalorischen Theorie ist Wärme ein sehr feiner Stoff, das Caloricum, eine Flüssigkeit, die den ganzen Raum erfüllen und in materielle Körper sowohl eindringen als auch aus ihnen wieder austreten kann. Es wurde angenommen, dass die Teile der Flüssigkeit einander wechselseitig abstoßen, während sie von den Atomen der Materie angezogen werden und so die Atome mit einer Art Atmosphäre umhüllen. Wird ein Körper erhitzt, so fließt mehr Caloricum in ihn hinein und verursacht aufgrund der Abstoßungseigenschaft eine zur Temperaturzunahme proportionale Ausdehnung des Körpers, während sich beim Abkühlen der umgekehrte Vorgang abspielt. Lavoisier hielt das Caloricum für einen Stoff, den er 1789 zusammen mit Licht zu den 33 ihm bekannten chemischen Elementen zählte. Weil man jedoch keinerlei Hinweis darauf fand, dass ein Körper beim Erhitzen schwerer wird, musste das Caloricum als gewichtlos betrachtet werden.

Dalton schrieb 1808 zusammenfassend: »Die wahrscheinlichste Meinung betreffend das Wesen der Wärme ist, dass sie eine elastische Flüssigkeit sehr großer Subtilität ist, deren Teilchen einander abstoßen, aber von anderen Körpern angezogen werden.«[8] Vielleicht war hier der Wunsch der Vater des Gedankens.[9]

Der entscheidende Hinweis darauf, welche der beiden Theorien die richtige ist, stammt von Rumford. Dazu musste er den Begriff der Temperatur und den damit verknüpften der Wärmemenge besser verstehen als seine Zeitgenossen.

Die Erfindung des Thermometers geht auf Galilei zurück, der sich dafür schon 1592 die Ausdehnung der Luft beim Erwärmen zunutze machte. Das erste moderne Thermometer, das auf der Ausdehnung von Flüssigkeiten beruht, konstruierte der aus

TABLE OF SIMPLE SUBSTANCES.

Simple fubftances belonging to all the kingdoms of nature, which may be confidered as the elements of bodies.

New Names.		Correfpondent old Names.
Light	- - -	Light.
Caloric	- - -	Heat. Principle or element of heat. Fire. Igneous fluid. Matter of fire and of heat.
Oxygen	- - -	Dephlogifticated air. Empyreal air. Vital air, or Bafe of vital air.
Azote	- - -	Phlogifticated air or gas. Mephitis, or its bafe.
Hydrogen	- -	Inflammable air or gas, or the bafe of inflammable air.

Oxydable and Acidifiable fimple Subftances not Metallic.

New. Names.		Correfpondent old names.
Sulphur	- - -	
Phofphorus	- - -	The fame names.
Charcoal	- - -	
Muriatic radical	-	
Fluoric radical	- -	Still unknown.
Boracic radical	- -	

Oxydable and Acidifiable fimple Metallic Bodies.

Ein Teil der Tabelle der Elemente, die Lavoisier in seiner ›Traité Elementaire de Chimie‹ (1789) aufstellt. Man sieht, welche Verwirrung damals herrschte.

Danzig stammende Physiker Gabriel Daniel Fahrenheit (1686 bis 1736) 1709 in Den Haag, indem er den mit einer sehr dünnen Röhre verbundenen Kolben seines Thermometers mit Alkohol füllte; in der luftleer gepumpten und versiegelten Röhre entspricht das Steigen und Fallen des Alkohols der Temperaturänderung. Fahrenheit ersetzte den Alkohol 1714 durch Quecksilber und wählte, um negative Temperaturen zu vermeiden, die Temperatur einer Mischung aus Salz und Eis als Nullpunkt und die normale Körpertemperatur als Hundert-Grad-Punkt seiner Skala.[10]

Die Temperatur eines Körpers gibt zwar an, wie heiß er ist, nicht aber, wie viel Wärme er enthält. Die Wärmemenge wurde zuerst von dem schottischen Chemiker Joseph Black bestimmt, der um 1760 zeigte, dass der Wärmeinhalt eines Körpers von seiner Temperatur, seinem Gewicht und dem Stoff abhängt, aus dem er besteht. Die Messung der Wärmemenge beruhte auf der Annahme der kalorischen Theorie, dass die Menge des Wärmestoffs unveränderlich ist, dass also, modern gesagt, für sie ein Erhaltungssatz gilt, der im späten 19. Jahrhundert als ein Spezialfall des Satzes von der Erhaltung der Energie erkannt wurde.

Demnach nimmt ein kalter Körper, in heißes Wasser getaucht, ebenso viel Wärme auf, wie das Wasser verliert; darüber kann die spezifische Wärme mittels Temperaturmessung bestimmt werden. Zur Messung der Wärmemenge verwendete Black die britische Wärmeeinheit, die definiert ist als die Wärmemenge, die nötig ist, die Temperatur eines britischen Pfundes Wasser um ein Grad Fahrenheit zu erwärmen; diese Einheit wurde später ersetzt durch die Kalorie (cal), die Wärme, die nötig ist, die Temperatur von einem Gramm Wasser um ein Grad Celsius zu erhöhen.[11]

Die Anzahl der Kalorien ist somit gleich dem Gewicht in Gramm multipliziert mit der Zunahme der Temperatur in Grad Celsius. Das gilt jedoch nur für Wasser, denn Black zeigte, dass jeder Stoff seine eigene spezifische Wärme hat, die als die Anzahl der Kalorien definiert ist, die nötig ist, um die Temperatur von einem Gramm des Stoffs um ein Grad Celsius zu erwärmen. Die spezifische Wärme von Wasser ist als eine Kalorie pro Gramm pro Grad Celsius definiert. Für Kupfer ist sie in denselben Einheiten 0,09, für Eisen 0,11 und für Alkohol 0,59.

Rumford hielt seit seiner Lektüre von Boerhaaves Chemie-buch die kinetische Theorie für richtig. Deshalb ergriff er ver-mutlich gern die Gelegenheit, sich an dieser Debatte zu beteili-gen, als er 1797 zunächst in Mannheim und dann im Münchner Zeughaus beobachtete, dass beim Bohren von Kanonen in kur-zer Zeit viel Wärme erzeugt wird. »Da ich vor kurzem die Ober-Aufsicht des Kanonen-Bohrens im Zeughause zu München hat-te, so überraschte mich der beträchtliche Wärme-Grad, den eine metallene Kanone in kurzer Zeit, beym Bohren erhält; mehr aber noch die weit größere Wärme der metallenen Späne (deren Wärme die des siedenden Wassers überstieg, wie ich durch Ver-suche fand), die durch das Bohren abfielen.«[12]

Während Rumford noch 1797 an seinen Schweizer Freund Pictet geschrieben hatte: »Ich habe mich bisher sorgsam gehü-tet, mich durch diese abstrusen Spekulationen verwirren zu las-sen«,[13] schrieb er im Jahr darauf: »Je mehr ich über diese Phä-nomene nachdachte, desto mehr schienen sie mir alle Aufmerk-samkeit zu verdienen. Eine strenge Untersuchung derselben ließ mich sogar einen tiefern Blick in die verborgene Natur der Wär-me erwarten, und scheint uns in den Stand zu setzen, vernünfti-ge Mutmaßungen über die Existenz, oder Nicht-Existenz eines feurigen Fluidums anzustellen, ein Gegenstand, worüber die Meinungen von Philosophen zu allen Zeitaltern sehr geteilt wa-ren.«[14] Er war 1804 kühn genug zu schreiben: »Ich glaube, ich werde das *Caloricum* von der Bühne vertreiben.«[15]

Bei der ersten seiner Versuchsreihen verwendete er den Guss-rohling eines Sechspfünders. Dieser massive, vertikal gegossene Messingzylinder war sechzig Zentimeter länger als das Kano-nenrohr, das aus ihm werden sollte, um das eigentliche Rohr von den beim Abkühlen auftretenden extrem großen Spannun-gen zu verschonen. Rumford führte seine Experimente mit dem überschüssigen, später abgetrennten Stück durch. Dazu schnitt und formte er es maschinell zu einem Zylinder von 25 Zentime-ter Länge und zwanzig Zentimeter Durchmesser, den er mit einem kleinen Stahlstab von neun Zentimeter Länge und sechs

Zentimeter Durchmesser dort befestigte, wo die Mündung der Kanone sein sollte.

Dann montierte er das Ganze horizontal auf eine Drehbank, die durch ein System von Zahnrädern mit Hilfe eines Pferdegöpels in Rotation versetzt wurde, und schob in das zylindrische Loch ein flaches, stumpfes Stück gehärteten Stahl, das eine Feder sehr stark gegen die Grundfläche presste. Außerdem bohrte er seitlich in den dicksten Teil des verbleibenden Messings ein kleineres Loch, in das er ein Thermometer einpasste und umhüllte das Ganze sorgfältig mit dickem Flanell, um den Wärmeverlust möglichst gering zu halten.

Bei dem eigentlichen Versuch blieb der stumpfe Stahlbohrer fest, während die Pferde die Drehbank mit dem Kanonenrohr in rasche Rotation versetzten. Nach etwa dreißig Minuten und 960 Umdrehungen war die am Thermometer abgelesene Temperatur von fünfzehn Grad Celsius auf 55 Grad Celsius gestiegen. Das Gewicht des hohlen Zylinders betrug in heutigen Einheiten 51 Kilogramm, das der Metallspäne 54 Gramm, also nur den 944. Teil des ursprünglichen Gewichts. Um Vermutungen zu widerlegen, dass ein Teil der Wärme aus der Luft der Umgebung stammen könne, wiederholte Rumford diesen Versuch, nachdem er das offene Ende des hohlen Zylinders mit einem Kolben verschlossen hatte, so dass keine Luft eintreten konnte, was jedoch, wie der Vergleich mit den früheren Messungen zeigte, die Messergebnisse überhaupt nicht beeinflusste.

Nach Rumfords Schätzung waren beim Bohren etwa 230 Kilokalorien Wärme erzeugt worden, genug, um 2,3 Liter eiskalten Wassers zum Kochen zu bringen. Um das genauer zu messen, umbaute er das Rohr mit einem Kasten aus Kiefernholz, den er durch genau passende geölte Ledermanschetten sorgfältig abdichtete, und füllte so viel Wasser der Temperatur von fünfzehn Grad Celsius in den Kasten, dass der Zylinder vollständig bedeckt war. Als das Rohr dann etwa 32 Mal pro Minute gedreht wurde, war die Wassertemperatur nach sechzig Minuten auf 42 Grad Celsius gestiegen, nach neunzig Minuten auf 61 Grad Celsius, nach 120 Minuten auf 81 Grad Celsius, und nach 150 Minuten kochte das Wasser. Da zunächst 8,5 Liter Wasser eingefüllt worden waren, mussten mindestens 730 Kilokalorien Wärme erzeugt worden sein, aber tatsächlich war es viel mehr, weil ja nicht nur das Wasser heiß wurde.

Rumford schrieb dazu: »Das Resultat dieses schönen Versuchs war sehr überraschend, und das mir dadurch gewährte Vergnügen belohnte mich hinlänglich für alle die Mühe, die ich angewendet hatte, um die hierzu nöthige Maschine, die so verwickelt war, anzuordnen und zusammensetzen zu lassen.«[16] Der Versuch hatte auf andere eine ähnliche Wirkung. »Die Überraschung und das Staunen der Umstehenden, solch eine Wasser-Masse ohne Feuer zum Kochen gebracht zu sehen, war über alle Beschreibung groß.«[17]

Rumford betont ausdrücklich, dass seine Versuche mit demselben Kanonenrohr beliebig oft wiederholt werden konnten und immer dieselben großen Wärmemengen erzeugten und dass die größeren Teile des Kanonenkörpers immer noch wie üblich

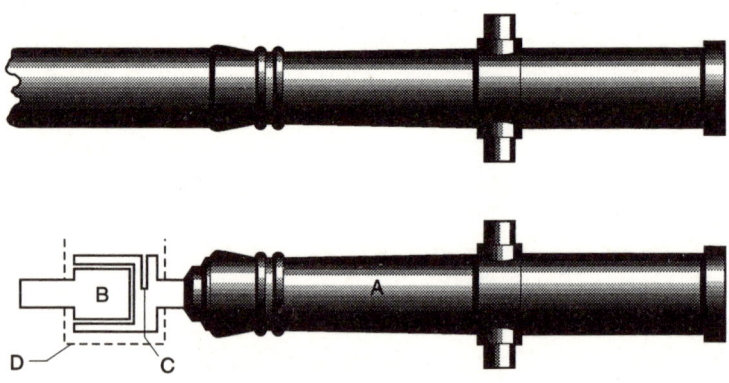

Rumfords Kanonenbohrversuch. Oben: Gussrohling. Unten: Versuchsanordnung. A. Das gedrehte Kanonenrohr. B. Der fest stehende stumpfe Bohrer aus hartem Stahl. C. Loch für das Thermometer. D. Wasserkasten.

gebohrt werden konnten, wenn seine Versuche beendet waren. Am meisten aber beeindruckten ihn die anscheinend unerschöpflichen Mengen an Wärme, die er erzeugt hatte. »Woher kömmt die Hitze, hervorgebracht durch die gegenwärtige mechanische Operation?« Er schloss, dass sie von den Reibungskräften herrührte: »Es scheint mir sehr schwer, wo nicht ganz unmöglich zu sein, sich eine bestimmte Idee von einem Etwas zu machen, das fähig wäre, so, wie die Wärme in den vorigen Versuchen, erregt und mitgeteilt zu werden; es müsste denn die *Bewegung* sein.«[18] Der Ire John Tyndall, 1853 als Professor für Naturphilosophie an die Royal Institution berufen und 1867 Superintendent der Royal Institution, schrieb 1871: »Seit Rumford ist kaum etwas Bedeutenderes gegen die Materialität der Wärme vorgebracht worden und kaum etwas Entscheidenderes geschehen, um zu beweisen, dass die Wärme das ist, was Boyle, Hooke und Locke schon annahmen, nämlich eine Bewegung.«[19]

Dieses Experiment, bei dem zwei Pferde nötig waren, kann wohl kaum als Laboratoriumsexperiment bezeichnet werden, aber Rumford entwickelte später eine kleinere Version. Dabei werden die Äquatorflächen zweier Halbkugeln aus Messing mit neun Zentimeter Durchmesser, die in eine mit Wasser gefüllte Glaskugel von dreißig Zentimeter Durchmesser getaucht sind, durch Drehen der oberen Halbkugel aneinander gerieben. Die Menge der erzeugten Wärme lässt sich aus dem Anstieg der Wassertemperatur berechnen. 1799 benutzte Humphry Davy ein Uhrwerk, um zwei Eisstücke von fünfzehn Zentimeter Länge, fünf Zentimeter Breite und siebzehn Millimeter Dicke in einem Vakuum in einer Umgebungstemperatur von minus fünfzehn Grad Celsius aneinander zu reiben. Er fand, dass die beiden Eisstücke innerhalb weniger Minuten fast vollständig zu Wasser mit einer Temperatur von 1,5 Grad Celsius geschmolzen waren, und folgerte im Sinn der kinetischen Theorie, dass Wärme »eine Bewegung ist, wahrscheinlich eine Schwingung der Korpuskeln eines Körpers, die dazu neigt, diese zu trennen«.[20]

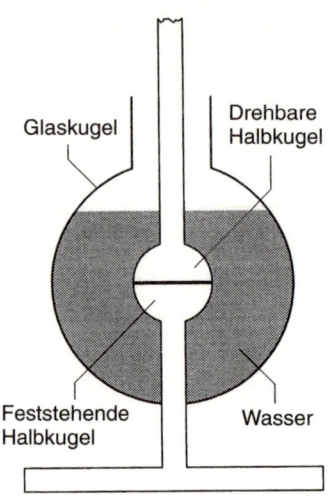

Glaskugel

Drehbare
Halbkugel

Feststehende
Halbkugel

Wasser

Rumfords Versuch zur Wärmereibung. Die obere Messinghalbkugel dreht sich gegenüber der unteren fest stehenden.

Inzwischen führte Rumford eine zweite Versuchsreihe[21] durch, um herauszufinden, ob Wärme ein Gewicht hat. Wenn Wärme aus einem Stoff wie dem Caloricum besteht, sollte sie etwas wiegen, wenn sie jedoch eine Schwingung war, musste sie gewichtslos sein. Er suchte sich dazu möglichst dünn geblasene, gleich große Flaschen, die er in gleichen Gewichtsteilen mit destilliertem Wasser, Quecksilber und Weingeist füllte. Nachdem er die Flaschen hermetisch versiegelt hatte, stellte er sie auf eine sehr empfindliche Waage – sie wog angeblich auf ein Millionstel genau –, die er sich vom Kurfürsten Karl Theodor auslieh. Die Flaschen standen in einen Raum, dessen Temperatur seit Tagen so genau wie möglich bei sechzehn Grad Celsius gehalten wurde, damit sie diese Temperatur annehmen konnten. Dann brachte er die Flaschen durch Umwickeln der Hälse mit feinem Silberdraht so genau wie möglich ins Gleichgewicht und ließ sie 48 Stunden lang in einem Raum mit einer Temperatur von minus einem Grad Celsius stehen. Dort gefror das Wasser, aber obwohl die Flüssigkeiten unterschiedlich viel Wärme verloren haben mussten, waren sie dann, wenn sie die Zimmertemperatur des wärmeren Raums angenommen hatten und das Eis geschmolzen war, wieder genau gleich schwer. Rumford schloss daraus kühn, dass »alle Bemühungen, einen Einfluss der Wärme auf die scheinbaren Gewichte der Körper zu entdecken, fruchtlos sein werden«,[22] und betrachtete seine Versuchsergebnisse als einen vernichtenden Schlag für die kalorische Theorie.

Eine dritte Versuchsreihe beschäftigte sich mit der Mischbarkeit von Flüssigkeiten. Wenn Flüssigkeiten aus Teilchen bestehen, die jeweils von einer »Atmosphäre« von Caloricum umgeben sind, die anderes Caloricum abstößt, war nicht leicht einzusehen, warum sich Flüssigkeiten mischen können. Wenn die Flüssigkeiten jedoch aus schwingenden Teilchen bestanden, konnten sie sich leicht vermengen. Rumford dachte sich dazu ein besonders raffiniertes Experiment aus: Er füllte in ein großes zylindrisches Gefäß eine gesättigte Salzlösung und darauf eine gleich dicke Schicht destilliertes Wasser, ohne dass die beiden sich mischten. Dann fügte er vorsichtig einen großen Tropfen schwarzen Nelkenöls dazu, dessen spezifisches Gewicht geringer ist als das von Wasser, aber höher als das der Salzlösung, und der deshalb über der Salzlösung im Wasser schwebte. Dann dichtete er das Ganze mit einer dicken Schicht Olivenöl gegenüber der Außenluft ab und ließ es in einem Keller stehen. Nach genau einem Tag hatte sich die kleine Ölkugel um drei Eichstriche nach oben bewegt, während sich die beiden Flüssigkeiten allmählich vermischten; der Öltropfen stieg sechs Tage lang jeden Tag stetig um diesen selben Betrag, bis das Experiment nach sechs Tagen abgebrochen wurde.

Die ersten systematischen Versuche zur Wärmeleitfähigkeit von Stoffen unternahm Rumford schon 1785 oder 1786, offenbar angeregt durch das ganz praktische Problem, welche Stoffe sich am besten für Uniformen eigneten. Um das herauszufinden, entwickelte er das so genannte Passagethermometer, bei dem ein

gewöhnliches Thermometer von einem an beiden Enden ver-
schließbaren Glasgehäuse umgeben ist. Das eigentliche Thermometer umwickelte er mit den zu prüfenden Stoffen, ver-
schloss den Behälter und tauchte ihn zunächst so lange in
kochendes Wasser, bis das Thermometer siebzig Grad Celsius
anzeigte, und dann so lange in zerstoßenes Eis, bis die Temperatur auf zehn Grad Celsius gefallen war. Er verglich sowohl gleiche Gewichtsteile von Seide, Eiderdaunen, Wolle, Baumwolle
und Pelz als auch ein und dieselbe Stoffart, wobei er den Stoff
unterschiedlich dicht packte und unterschiedlich viel Wasser
beifügte.

Seine Messungen führten ihn zu dem Schluss, dass die Wärmeleitfähigkeit vor allem von der Menge der in den Stoff einge-
schlossenen Luft bestimmt wird. Ein flaumiger Stoff wie eine
Wolldecke oder ein Daunenkissen hält uns an einem kalten Tag
wärmer als ein eng gewebter wie Baumwolle, Leinen oder Seide. Thompson hatte damit entdeckt, dass Wärme aufgrund der
Bewegung der Moleküle in einem Gas durch das vermittelt
wird, was wir heute Konvektionsströme nennen.[23] Rumford berichtete über seine Ergebnisse 1792 vor der Royal Society und
erhielt dafür eine ihrer größten Ehrungen, die Copley-Medaille.

Im Winter 1804 saß Rumford praktisch zwischen allen
Stühlen, weil er als Engländer in Frankreich unwillkommen war,
wohin ihn seine Zuneigung zu seiner späteren zweiten Frau
zog, er in England wegen der Querelen in der Royal Institution
keine sinnvolle Aufgabe sah und er in Bayern trotz der freundli-
chen Aufnahme keine Aussicht sah, in ein Staatsamt berufen zu
werden. Wieder tat er das, was ihm am meisten Vergnügen bereitete: Er beschäftigte sich mit Versuchen zur Wärme. Diesmal
führten seine Arbeiten zur Erfindung einer Reihe von Thermo-
metern unterschiedlicher Formen und Größen und dem, was
Rumford als Thermoskop bezeichnete. Bei diesem Instrument
sind zwei kleine luftgefüllte Kugeln mit je vierzig Millimeter
Durchmesser durch eine horizontale Röhre verbunden, die einen Tropfen gefärbten Alkohols enthält. Dieser Tropfen befin-

det sich – wie die Wasserblase einer waagerecht liegenden Wasserwaage – genau in der Mitte der Röhre, wenn die beiden Kugeln dieselbe Temperatur haben, bewegt sich aber entlang der Röhre, wenn eine Kugel erhitzt oder gekühlt wird. Dieses Instrument misst also nicht die Temperatur, sondern zeigt sehr genau Temperaturunterschiede an.

Rumford benutzte dieses Thermometer zum Experimentieren mit Wärmestrahlung. So füllte er in einer Reihe von Versuchen einen hohlen Messingzylinder mit Wasser, dessen Temperatur er mit einem Thermometer messen konnte. Zunächst erhitzte er das Wasser, bis es zehn Grad Celsius wärmer war als die Umgebung, und maß dann, wie lange es dauerte, bis die Temperatur um zehn Grad gefallen war. Dann umhüllte er den Zylinder mit Stoffen unterschiedlicher Farbe und Webart und verglich die Zeiten für die Abkühlung.

Bei einem anderen Versuch überzog er zwei Zylinder mit Goldschlägerhaut (diese Tierhaut dient dazu, Blattgold beim Hämmern zu trennen) und färbte einen schwarz, um so die dunkle Haut eines Afrikaners zu simulieren, und den anderen, der einen hellhäutigen Europäer darstellen sollte, weiß, bevor er beide mit kochendem Wasser füllte und abkühlen ließ. Er fand, dass »der schwarz angestrichene viel schneller, nämlich in nur 23,5 Minuten, um zehn Grad abkühlte als der nicht schwarze, bei dem es 28 Minuten dauerte«.[24]

Die Resultate, so meinte er, bedürften keiner weiteren Erläuterung. »Ich für meine Person sage weiter nichts, als dass ich [in der Hitze] … meine Haut schwarz färben oder … besonders des Nachts, ein schwarzes Hemd anziehen würde.«[25] In einer weiteren Versuchsreihe be-

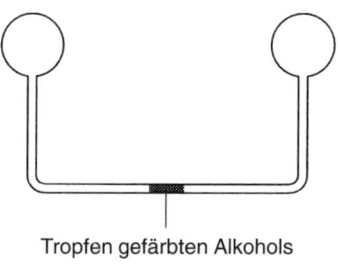

Tropfen gefärbten Alkohols

Rumfords Thermoskop.

nutzte er sein Thermoskop, um die Wärme zu vergleichen, die von zwei unterschiedlichen Zylindern ausgestrahlt wird. Dazu ließ er die Wärmestrahlung von einem Zylinder auf die linke Kugel des Thermoskops fallen und die Wärme der anderen auf die rechte. Durch Verschieben der Zylinder konnte er den Punkt finden, an dem die Kugeln gleich viel Strahlung empfingen, und das ermöglichte es ihm, die beiden Strahlungen zu vergleichen. Er folgerte, dass eine Fläche umso langsamer abkühlt, je glänzender sie ist, und dass eine matte Oberfläche schneller abkühlt. Also, so folgerte er, halten polierte Teetöpfe und Pfannen ihren Inhalt länger warm als matte, und das erklärte seiner Meinung nach auch, warum dunkelhäutige Menschen viel rascher abkühlen als hellhäutige. Er wandte dieses Prinzip auch in seinem Privatleben an, indem er im Winter weiße Kleidung trug und einen glänzenden Hut – was ihm bald einen Ruf als Exzentriker einbrachte.

Durch seine Versuche und Überlegungen kam er sicherlich einem Verständnis für das, was Wärme ist, sehr nahe, aber in einigen Punkten herrschte doch Verwirrung, was zumindest beweist, dass auch er beileibe nicht unfehlbar war. Obwohl er erkannt hatte, dass Wärme Bewegung ist, und er die kalorische Theorie widerlegt hatte, sah er Kälte nicht als ein Fehlen von Wärme, sondern vielmehr als etwas anderes als Wärme. Er sprach beispielsweise davon, dass ein heißer Körper kalorische Strahlen abgibt, ein kalter dagegen frigorifische. Er verglich diese Strahlen auch mit Lichtstrahlen und meinte, der gesamte Raum müsse von einem hypothetischen Medium erfüllt sein, dem so genannten Äther. Mit Hilfe dieser alten, schon aus der Antike stammenden Vorstellung konnte William Gilbert (1544 bis 1603) Elektrizität und Magnetismus verstehen und William Harvey, der Entdecker des Blutkreislaufs, (1578–1657) erklären, wie die Sonnenwärme Tiere warm hält. Der holländische Astronom Christiaan Huygens (1629–1995) hatte die Äthertheorie in seiner Wellentheorie des Lichts 1678 herangezogen, weil er meinte, es müsse ein Medium geben, in dem sich Lichtwellen ausbreiten, und das, glaubte Rumford, gelte ebenso für Wärme- und Kältestrahlen. Erst als im 20. Jahrhundert Albert Einsteins Relativitätstheorie akzeptiert war, wurde die Vorstellung eines alles durchdringenden Äthers aufgegeben.

Nachdem Rumford mit seinem Wissen über das Wesen der Wärme zufrieden war, wandte er seine Aufmerksamkeit der Frage zu, welche Beziehung zwischen der Wärmemenge, die er in seinen Kanonenbohrversuchen erzeugt hatte, und der von den Pferden erbrachten Leistung (also der verrichteten Arbeit) besteht. In modernen Einheiten fand er, dass eine Kalorie von 5,60 Joule erzeugt wurde, wobei 1 Joule der Energie entspricht, die nötig ist, um 102 Gramm (das Gewicht etwa eines kleinen Apfels) einen Meter hochzuheben. Der Wert, der sich daraus für das berechnen lässt (was später das mechanische Wärmeäquivalent genannt wurde), hat historisch große Bedeutung, auch wenn er im Vergleich mit dem heute anerkannten Wert von 4,184 Joule pro Kalorie sehr ungenau ist, denn er stellt erstmals eine quantitative Verbindung zwischen Energie und Wärme her.[26]

Weder war Rumfords Wert für das Wärmeäquivalent genau, noch hat er den Begriff richtig erfasst, aber es bleibt seine herausragendste Leistung, dass er schon 1798 zu einem solchen Wert hinführte. Danach dauerte es vierzig Jahre, bis die Arbeiten von Julius Robert Mayer (1814–1878) und James Prescott Joule (1818–1889) weitere Fortschritte ermöglichten.

Julius Robert Mayer, Sohn eines Apothekers und Mediziners, hatte als Schiffsarzt bei einer Ostasienreise bemerkt, dass das venöse Blut der Matrosen, die er dort zur Ader lassen musste, röter war als daheim. Daraufhin vermutete er, dass in den warmen Tropen viel weniger Sauerstoff nötig ist, um die Körpertemperatur aufrechtzuerhalten, als im kalten Europa und fragte, was mit der Gesamtenergie passiert, die einem Menschen mit der Nahrung zur Verfügung steht. Ein Teil davon, so schloss er, muss in Wärme umgewandelt werden und ein anderer in Arbeit wie Muskelbewegung. Dies war der eher unwahrscheinliche

Julius Robert Mayer.

Beginn dessen, was später zum Energieerhaltungssatz führte. Energie bleibt immer erhalten. Sie kann weder geschaffen noch zerstört, sondern nur umgewandelt werden.

Mayer folgte Rumfords Gedankengang und erhielt genauere Werte für das mechanische Wärmeäquivalent, als er in einer Papierfabrik den Temperaturanstieg im Papierbrei beobachtete, der mit einer Leistung von fünf Pferdestärken verrührt wurde. Unter der Annahme, dass alle Arbeit, die geleistet wird, wenn ein Luftvolumen zusammengepresst wird, in Wärme umgewandelt wird, ergibt sich ein Wert von 3,58 Joule pro Kalorie.

Mayer litt sehr darunter, dass seine Arbeit nicht beachtet und von den Fachleuten nicht ernst genommen wurde, und musste immer wieder wegen seiner Depressionen behandelt werden. Erst als John Tyndall, Hermann von Helmholtz und Rudolf Clausius sich für ihn einsetzten, wurde ihm die verdiente Anerkennung zuteil. Ab 1859 erhielt er viele Ehrendoktorwürden und Mitgliedschaften in Akademien und wissenschaftlichen Gesellschaften, den Prix Poncelet und 1871 sogar die Copley-Medaille der Royal Society.

Das von ihm begonnene Werk wurde von James Prescott Joule weitergeführt, der die von Rumford und Mayer angestellten Messungen des mechanischen Wärmeäquivalents wiederholte und ihre Genauigkeit verbesserte. Er maß erstens den Anstieg der Wassertemperatur, wenn ein kleiner, ins Wasser getauchter Elektromagnet zwischen den Polen eines anderen Magneten rotiert, zweitens die Zunahme der Temperatur, wenn Wasser durch Haarröhren gepresst wird, drittens den Temperaturanstieg, wenn die Luft komprimiert wird, und viertens den Anstieg der Temperatur, wenn Schaufeln durch ein System fallender Gewichte in Wasser oder Öl oder Quecksilber in Drehung versetzt werden.

Im Abschlussbericht seiner Arbeit über das mechanische Wärmeäquivalent schloss er, dass sein Wert 4,154 Joule pro Kalorie beträgt. Seit 1960 das SI-System (Système International d'Unités) eingeführt wurde, ist Joules Name mit der Einheit der Energie und deshalb der Wärme verbunden, und wegen der Umwandelbarkeit von Arbeit in Wärme hat die Einheit Joule Kalorie als Einheit der Wärmemenge weitgehend ersetzt: 1 Joule ist gleich 0,239 Kalorien oder 1 Kalorie ist gleich 4,184 Joule.[27]

James Prescott Joule.

Das alles scheint sehr weit vom Kanonenbohren im Münchner Zeughaus entfernt, aber Rumford hätte sich womöglich gar nicht sehr gewundert, denn, so sagte er: »Oft fügt es sich, dass sich bey den gewöhnlichen Beschäftigungen und Handthierungen des Lebens Gelegenheiten darbieten, mehrere merkwürdige Operationen der Natur zu beobachten; ja sehr oft könnten die interessantesten physikalischen Versuche beynahe ohne irgendeine Mühe oder Ausgabe mittels der Maschinerien angestellt werden, die man bloß zu den mechanischen Zwecken der Künste und Manufakturen vorgerichtet hat.«[28] Das illustrieren gerade Rumfords Arbeiten zur Wärme: Die Beobachtung, dass

Suppe an der Oberfläche rascher abkühlt als im Inneren, führte ihn zu der Erkenntnis, dass das in den Nahrungsmitteln enthaltene Wasser darüber bestimmt, wie heiß wir sie empfinden; und warum etwa Rüben und Karotten Kälte viel besser aushalten als Äpfel und Birnen; oder Überlegungen über den Zusammenhang zwischen Winterkälte und Abwerfen der Blätter bei Laubbäumen.

Rumford wurde erst retrospektiv zum »Überwinder der Wärmestofftheorie« erklärt, denn seine Ideen haben die Ansichten seiner Zeitgenossen offenbar wenig beeinflusst. Auch der kluge Lichtenberg äußert 1798 Zweifel, nachdem er das Vergnügen hatte, den »vortrefflichen Rumford« 1795 zwei Mal bei sich zu sehen: »Graf Rumfords Wasserkochen durch Reiben hat mich noch gar nicht von dem System der Substantialität des Wärmestoffs abgebracht.«[29] Heute jedoch stimmen wohl alle Naturwissenschaftler Joule zu, der Rumfords Leistungen auf dem Gebiet der Wärme dankbar anerkannte, und schließen sich John Tyndalls abgewogenem Urteil an, der 1880 schrieb: »Wenn einmal die Geschichte der dynamischen Wärmetheorie vollständig geschrieben sein wird, so gebührt darin dem Manne, der im Widerspruch gegen den wissenschaftlichen Glauben seiner Zeit jene Versuche anstellte und jene Schlüsse, die wir oben erwähnten, daraus zog, eine allererste Stelle.«[30]

Rumford als Erfinder

Graf Rumford war nicht nur ein erfolgreicher Naturwissenschaftler, sondern auch ein genialer Erfinder, und zwar besonders von praktischen und nützlichen Geräten. Die meisten seiner Erfindungen hatten mit Beleuchtung, Heizung und Kochen zu tun, und viele von ihnen gründeten in seinen frühen Bemühungen, die Lebens- und Arbeitsbedingungen in den von ihm eingerichteten Arbeitshäusern so gut, effizient und wirtschaftlich zu machen wie nur möglich. Die damals gebräuchlichen Verfahren waren in fast jeder Hinsicht ungenügend. Künstliche Lichtquellen schufen im 18. Jahrhundert bestenfalls eine schummrige und gedämpfte Beleuchtung; es waren Kerzen oder Öllampen, wie sie schon seit Urzeiten in Gebrauch waren. Kerzen wurden aus Talg oder anderen tierischen Fetten wie Walrat oder Bienenwachs hergestellt, rußten, waren teuer und flackerten, wenn nicht der Docht immer wieder abgeschnitten wurde. Die Öllampen bestanden aus einem flachen Docht aus zunächst einfachen, später verflochtenen Pflanzenfasern, der sich mit Öl aus Leinsamen, Rübsamen, Oliven und Raps oder auch von Walen vollsog, das an der Spitze des Dochts verbrannte. Das Licht der Öllampen war gleichmäßiger und heller als das von Kerzen, aber wie bei Kerzen hing auch bei ihnen die Helligkeit der Flamme weitgehend vom Zustand des Dochts ab.

Die nach Jahrtausenden erste wirkliche Verbesserung war der nach wissenschaftlichen Grundsätzen entwickelte Argand-Brenner, den der Schweizer Chemiker Aimé Argand 1780 erfunden hatte. Der Docht dieser Öllampe[1] war nicht flach, sondern röhrenförmig und steckte zwischen zwei konzentrischen Metallzylindern. Durch den hohlen inneren Zylinder gelangte Luft nach oben in das Zentrum der Flamme, dies ermöglichte ein gleichmäßigeres Brennen. Der umgebende zylindrische Glasbehälter schützte vor Zugluft und verbesserte gleichzeitig den Luftzug. Argand-Brenner waren in der Anschaffung und im Betrieb ziemlich teuer, weil sie mehr Öl verbrauchten als gewöhnliche Öllampen, gaben aber mehr Licht und erleichterten nächtliches Lesen.

Wenn man Lichtquellen miteinander vergleichen will, muss man ihre Lichtintensität messen, und das war zu Rumfords Zeit ein Problem. »Da ich mit … Versuchen beschäftigt war«, schrieb Rumford, »die sparsamste Methode ausfindig zu machen, wie ein großes Arbeitshaus oder eine öffentliche Manufakturanstalt erleuchtet werden könnte, so fiel mir eine Verfahrensart ein, um die relativen Quantitäten von Licht, was von Lampen verschiedener Art, Lichtern u. dergl. ausgestrahlt wird, zu messen.«[2]

Auf diesem Verfahren beruht das Gerät, das er 1794 als Photometer bezeichnete. Er benutzte ein Prinzip, das der geniale Mathematiker, Astronom, Physiker und Philosoph Johann Heinrich Lambert entwickelt und 1760 in seiner ›Photometria‹ veröffentlicht hatte. Es gibt jedoch keinen Hinweis darauf, dass Rumford diese Arbeit gekannt hat.[3]

Rumfords Photometer beruhte auf dem Vergleich der Schatten zweier Lichtquellen und auf der bekannten Tatsache, dass die Intensität des Lichts proportional zum Quadrat der Entfernung von der Quelle abnimmt.[4] Das Prinzip des Photometers lässt sich an dem obigen Diagramm ablesen: Die beiden Licht-

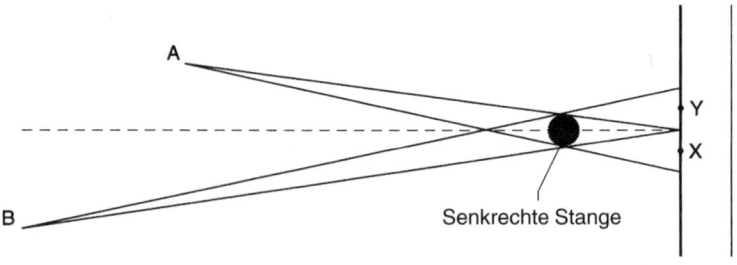

Das Prinzip von Rumfords Photometer.

122

quellen, A und B, werden so lange verschoben, bis die Flächen X und Y gleich hell erscheinen. Da X nur von B, Y nur von A Licht empfängt, verhält sich die Helligkeit der Quelle A zur Helligkeit der Quelle B wie das Quadrat der Entfernung AY zum Quadrat der Entfernung BX. Jede der beiden zu vergleichenden Lichtquellen wirft den Schlagschatten eines Stabs auf einen gemeinsamen weißen Auffangschirm, der von der jeweils anderen Lichtquelle aufgehellt wird. Rumford benutzte zwei drehbare Schattenstäbe, die er mit einem seitlichen Blechstreifen versah.

In seinem Apparat standen zwei mit einem seitlichen Blechstreifen versehene drehbare Schattenstäbe in einem drei viertel Zentimeter Abstand voneinander fünfzig Millimeter vor einem an der Rückseite eines schwarzen Kastens angebrachten weißen Auffangschirm. Die Lichtquellen standen auf Wagen, die durch Kurbeln auf Rampen bewegt werden konnten, von denen die eine dreieinhalb Meter und die andere sechs Meter lang war. Mit diesem Gerät gewann Rumford viele wichtige Daten. Er fand beispielsweise, dass das Licht eines Argand-Brenners neunmal billiger war als das von Wachskerzen, dass etwa fünfzehn Prozent des Lichts verloren ging, wenn es durch sauberes Glas hindurchging, und dass Licht selbst an den besten Spiegeln etwa dreißig Prozent seiner Intensität verlor. Rumford legte als Bezugsnormal eine den damaligen Möglichkeiten entsprechend definierte Kerze fest, die über ein Jahrhundert lang die international gebräuchliche Standardkerze blieb, bis 1948 die Einheit Candela für die Lichtintensität eingeführt wurde.

Im Zusammenhang mit seinen photometrischen Messungen stieß Rumford auf das optische Phänomen der »gefärbten Schatten«. Er war »begierig, die Intensität des Lichtes eines reinen Himmels am Tage mit der eines gewöhnlichen Wachslichtes zu vergleichen«, und ließ in seinem »verfinsterten Zimmer« das Tageslicht von Norden her und das Licht eines brennenden Wachslichtes »so weit als ich rathen oder schätzen konnte in die Reflexionslinie der Strahlen des Tageslichts auf einen Bogen sehr feines weißes Papier fallen«. Er war dann sehr überrascht, als der Schatten des Tageslichts, den ein Holzzylinder warf und der durch das Wachslicht erhellt wurde, »statt blosser Schatten, also *ohne* Farbe zu seyn«, vielmehr gelb war und der des Wachslichts, der durch »das Himmelslicht erhellt werden musste, die schönste blaue Farbe hatte, die man sich vorstellen kann«.[5] Rumford erklärt die Zusammenhänge im Wesentlichen richtig, wenn er die Farben des Schattens als »eingebildete Farbe« oder »optischen Betrug« bezeichnet und schreibt, diese beiden Farben seien »jederzeit von der Art, dass, wenn man sie innig zusammen mischen könnte, das Resultat dieser Mischung ein vollkommenes Weiß ergeben würde«. Nachdem Rumford mit Hilfe seines Photometers die Effektivität von Beleuchtungsquellen und Brennstoffen vergleichen konnte, konstruierte er selbst bessere Lampen, die als »Rumford-Lampen« oder, um eine Verwechslung mit existierenden Lampen zu vermeiden, als »Rumford-Illuminatoren« bekannt wurden, und stellte sie im März 1806 bei einer Sitzung des Institut National de France vor.

Die Lampen wiesen drei Neuheiten auf: Erstens hatten sie mehrere flache oder nach der Art von Argand runde Dochte, die eng benachbart waren, damit die Flamme so lange wie möglich so heiß wie möglich bleiben konnte, denn je heißer die Flamme, umso heller das Licht. Rumford fand sogar, dass eine seiner neuen Lampen mit vier Dochten in fünf Millimeter Abstand mehr Licht gab als sechs Argand-Brenner.

Zweitens gestaltete er den Vorratsbehälter für das Öl anders, um den Fluss des Öls durch den Docht zu verbessern. In dem üblichen Argand-Brenner sog der Docht das Öl von unten nach oben. Das bewährte sich zufrieden stellend, solange der Behälter voll war, nicht aber bei niedrigem Ölstand. Rumford dagegen speicherte das Öl in einem hohlen Ring, der die Lampe in Höhe des Dochts umgab. Dadurch konnte mehr Licht nach unten fallen, wenn die Lampe an die Decke gehängt wurde.

Drittens verwendete er, einem bewährten chinesischen Verfahren folgend, Lampenschirme aus Milchglas oder Seide oder weißem Mull, um das Licht besser zu verteilen. Mit solchen

Schirmen war das Licht weicher als beim gewöhnlichen Argand-Brenner, verlor aber kaum an Helligkeit. Außerdem verdeckten die Schirme die hässlicheren Teile der Lampe. Rumford stellte einen Zusammenhang zwischen der Qualität des Lichts und seinem Interesse an dem weiblichen Geschlecht her, als er schrieb, jetzt brauche »nie mehr eine vergangene Schönheit ihr Gesicht den direkten Strahlen eines Argand-Brenners auszusetzen«. Seiner Meinung nach war »das geheimnisvolle Licht, das von mild leuchtenden Körpern ausgeht, für weibliche Schönheit besonders vorteilhaft«.[6] Auf den Argand-Brenner war 1784 in England ein Patent erteilt worden, Rumford jedoch ließ keine seiner Erfindungen patentieren. Er schrieb: »Ich wünsche nur, dass die ganze Welt Nutzen davon haben könnte, ohne irgendjemanden daran hindern zu wollen, es mit gleicher Freiheit zu nutzen.«[7]

Rumford stellte seine Arbeiten zur Beleuchtung in einem 1812 erschienenen Aufsatz[8] über den Umgang mit Licht als Beleuchtungsquelle zusammen. Dort schreibt er: »Ich habe dann viel erreicht, wenn es mir gelingt, die Aufmerksamkeit einfallsreicher Menschen auf dieses interessante Thema zu lenken, und ich hoffe sehr, dass die Verbesserungen, die sich aus ihren gemeinsamen Bemühungen ergeben, bald dazu führen werden, dass alle meine Vorschläge vergessen sein werden.«[9] Schon innerhalb der nächsten Jahre verwirklichte sich diese Hoffnung, als Gas, Elektrizität und Paraffin oder Kerosin für Beleuchtungszwecke genutzt wurden. Rumford interessierte sich nicht nur für die Beleuchtung von Gebäuden, sondern auch für die Möglichkeiten der Beheizung. Wie bei der Beleuchtung waren die bestehenden Methoden eher primitiv: Die ältesten Gebäude der Steinzeit, von denen Spuren erhalten sind, waren »Häuser« aus Mammutknochen, insbesondere jene in der Gegend von Kiew. Anscheinend wurden sie von einem Holz- oder Torffeuer geheizt, das in einem Feuerplatz in der Mitte des Hauses brannte. Der Rauch sollte, so hoffte man wohl, durch ein überdecktes Loch in der Mitte des Dachs abziehen, das aus Häuten bestand, die über ein Gerüst aus Knochen gespannt waren.

Einfache Kamine werden erstmalig im frühen 4. vorchristlichen Jahrhundert von dem Aristoteles-Schüler Theophrast erwähnt, fanden aber im kalten Klima Europas erst im 12. Jahrhundert Verbreitung. Bei ihnen lag der Feuerplatz an einer Außenwand; der Rauch wurde von einer Haube gesammelt und in einen Schornstein geleitet, der über das Dach hinausragte.

Obwohl Rumford, wie er schreibt, »noch kindlich genug« war, sich am »Anblick ihres Feuerspiels zu ergötzen«,[10] gaben ihm offene Kamine doch Anlass zu scharfer Kritik. In seinem 1796 geschriebenen und sofort ins Deutsche übersetzten Aufsatz »Über Kaminfeuerherde, nebst Vorschlägen zur Verbeßerung derselben, um Brennstoff zu sparen, die Wohnhäuser angenehmer und gesünder zu machen und das Rauchen der Schornsteine ganz zu verhüten« schrieb er: »Jener kalte Luftzug, der eine Seite des Körpers vor Frost zittern macht, indeß die andere Seite desselben vom Caminfeuer gebraten wird, wie jeder Leser wohl selbst oft gefühlt haben mag, muß der Gesundheit durchaus sehr nachtheilig seyn und auf schwache und zarte Körper die schädlichsten Wirkungen äußern.«[11] In demselben Aufsatz klagt er über die »dicke schwarze Wolke, die unaufhörlich über dieser großen Stadt [London] hängt«,[12] und über ihre Herkunft: »Denn diese dichte Wolke besteht gewiss fast ganz aus nicht verbrannter Steinkohle, die auf den von den unzähligen Feuern in dieser großen Stadt erborgten Flügeln aus den Schornsteinen entschlüpft und in der Luft so lange herumschwimmt, bis sie die verflüchtigende Hitze verloren hat, und als ein trockener höchst feiner schwarzer Staubregen, der bei seinem Niederfallen die Luft verfinstert und oft das heiterste Tageslicht in mehr als ägyptische Finsterniss verwandelt, zu Boden sinkt.«[13]

In einem 1797 veröffentlichten Aufsatz[14] schließt er, dass »nicht weniger als sieben Achtel der Wärme, die aus Brennstoff erzeugt wird oder bei richtigem Umgang erzeugt werden könnte, tatsächlich mit dem Rauch in die Atmosphäre getragen wird und dort völlig verloren geht.«[15] Rumfords Verbesserungsvorschlag lief auf einen vollkommen neuen Bauplan für Kamin und

126

Rauchfang hinaus. Seiner Meinung nach führte die gebräuchliche Anordnung, bei der das Feuer in einem großen rechteckigen, nach vorn geöffneten Raum brannte, von dem hinten ein gerader Schlot senkrecht nach oben führte, lediglich zu sehr viel Turbulenz und zu störenden Fallströmungen. Rumford schlug drei wesentliche Veränderungen vor.

Erstens rundete er den Eingang zum Schlot und verengte ihn an der so genannten Kehle, bis er vorn nur etwa zehn Zentimeter tief war. Dadurch konnten die Abgase viel stromlinienförmiger aufsteigen. Zweitens verkleinerte er die vordere Öffnung des Kamins, machte ihn weniger tief, ließ die Seiten in einem Winkel von 135 Grad von vorn nach hinten laufen und kippte die Rückwand schräg nach vorn. Das verbesserte die Luftzufuhr, während seitlich und hinten viel Wärme entweichen konnte. Drittens baute er eine Klappe, den so genannten Schieber, ein, die den Schlot um Zugluft zu verhindern sowohl vollständig oder auch nur teilweise verschließen konnte, wenn sonst zu viel Wärme verloren ginge. Dieser neue Rumford-Kamin, der weniger qualmte und um die Hälfte oder zwei Drittel mehr Wärme abgab als seine Vorgänger, war bei den Familien der Londoner Gesellschaft bald sehr beliebt.[16] Zu seiner Bekanntheit trugen die weit verbreiteten Zeichnungen der Satiriker James Gillray und Isaac Cruickshank ebenso bei wie die von Dr. John Wolcot 1802 unter dem Pseudonym Peter Pindar veröffentlichten Verse:

Sieh nur, wohin das Auge heute schaut,
Überall sind Rumfords Öfen eingebaut.
Nicht nur die Herrin will ihn nie mehr missen,
Die Köchin selbst möcht ihn gar herzlich küssen.
Solang es Schlote gibt, soll dir Ehre sein.
Nie wird Vergessen Rumfords Namen ereilen,
In die Luft aufsteigend mög dein strahlender Ruhm
Deinen eigenen wirbelnden Rauchwolken gleich verweilen
Und wie die Sonne glänzen am Himmel klar und rein.

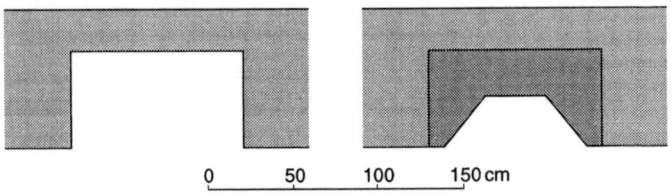

0   50   100   150 cm

Ansicht des alten (links) und neuen (rechts) Kamins. Die Breite wurde von 125 cm auf 80 cm reduziert und die Tiefe von 75 cm auf 36 cm.

Die Kamine waren so beliebt, dass Rumford seinen Namen in Anzeigen für minderwertige Produkte der Konkurrenz lesen konnte, von denen er sich öffentlich distanzieren musste. Rumford schrieb: »Ich erachte es als meine Pflicht gegenüber der Öffentlichkeit, mitzuteilen, dass ich nicht der Erfinder jener Kamine und Roste bin, die der Öffentlichkeit unter meinem Namen angeboten werden.«[17] Auch diese Ideen ließ er nicht patentieren, sondern veröffentlichte sogar Einzelheiten des Bauplans, damit jeder Nutzen davon haben konnte.[18] Rumfords letztes Experiment zur Erwärmung von Räumen lief fast auf eine so moderne Erfindung wie die heutige Dampfheizung hinaus.

Er veröffentlichte diese Gedanken 1804[19] und erprobte sie mit dem Heizsystem des großen Vortragssaals der Londoner Royal Institution. »Das Theater«, so schrieb er, »wird bei kaltem Wetter mit Dampf erhitzt, der aus verdeckten und verborgenen Leitungen aus dem unteren

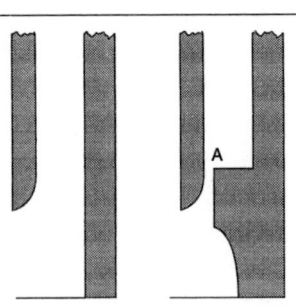

Seitenansicht: alter (links) und neuer (rechts) Kamin. Die Kehle des neuen war auf etwa 10 cm verengt.

Karikaturen von James Gillray (1757–1815, links) und Isaac Cruickshank (1792–1878, rechts).

Teil des Hauses kommt, wo er in großen halbrunden Kupferröhren mit zwanzig Zentimeter Durchmesser und achtzehn Meter Länge zirkuliert, die unter den erhöhten Sitzen des Parterre verborgen sind.«[20] Das System war so geplant, dass die Anordnung der Dehnungspunkte und Sicherheitsventile den Dampf getrennt vom Kondenswasser strömen ließ, aber es gibt keine Aufzeichnungen darüber, wie erfolgreich das System war oder wie lange es sich bewährte, bevor es ersetzt wurde. Rumford hatte offenbar viel Vertrauen in seine Erfindung, denn er schlug vor, auch den Saal des Pariser Institut National des Sciences so zu beheizen und das System auch in der Industrie zu verwenden.[21] Insgesamt war die Reaktion jedoch nicht sehr positiv, weil die technischen Probleme beträchtlich waren.

Rumford verlor deswegen nicht sein Interesse an der Wärme. Er erfand 1812 ein Kalorimeter, das ihm den Vergleich der Wärmeleistung unterschiedlicher Brennstoffe ermöglichte. Es bestand aus einem Wasserbehälter, in dessen Innerem sich eine lange gewundene Kupferröhre befand. Der zu untersuchende Brennstoff wurde am Eingang zu dieser Röhre verbrannt, und die Veränderung der Wassertemperatur von einem Thermometer mit einem besonders langen Kolben gemessen. Um Fehler aufgrund des Wärmeverlusts an die Luft gering zu halten, wog er den Brennstoff, der nötig ist, um das Wasser von fünf Grad unter Zimmertemperatur auf fünf Grad über Zimmertemperatur zu erwärmen. Dadurch wird der Wärmeverlust an die Atmosphäre während der ersten Hälfte der Messung im Wesentlichen während der zweiten Hälfte wieder gutgemacht. Rumford mit seinem Kalorimeter maß das, was später als Verbrennungswärme bezeichnet wurde, unter den unterschiedlichsten Bedingungen bei mehreren Arten Holz, Talg, Torf und Kohle. Er testete auch Alkohol und Äther – der aber explodierte und hätte fast sein Haus in Brand gesetzt.

Alle diese Erfindungen waren vor zweihundert Jahren außerordentliche Neuerungen; am längsten überdauert haben Rumfords Arbeiten zu Kaminen, denn die von ihm erarbeiteten Grundsätze werden auch heute noch weithin angewendet. Glücklicherweise ist es nicht länger nötig, herausnehmbare Klappen einzupassen, durch die damals unglückselige kleine Kaminkehrer klettern mussten – wegen der Enge der Kamine war das Kaminkehren Kinderarbeit.

Neben all den Verbesserungen, die Rumford für die Beleuchtung und die Beheizung von Räumen vorschlug, revolutionierte er auch die zu seiner Zeit übliche Ernährung und die Zubereitung von Speisen. Er fasste seine diesbezüglichen Vorschläge zusammen in den Aufsätzen »Über Speiße und vorzüglich über Beköstigung der Armen« von 1796, »Über Kaminfeuerheerde, nebst Vorschlägen zur Verbesserung derselben, um Brennstoff zu spahren, die Wohnhäuser angenehmer und gesünder zu machen und das Rauchen der Schornsteine ganz zu verhüthen«, den er 1797 schrieb, und »Über Küchen-Feuerheerde und Küchengeräthe nebst Beobachtungen über die verschiedenen Teile der Kochkunst und Vorschlägen zu ihrer Verbesserung«, der 1799 und 1800 entstand. Ein Zitat aus dem ersten Essay – »ich fand beständig, dass die nährende Eigenschaft einer Suppe mehr von der Wahl der Zutaten und der gehörigen Behandlung des Feuers bei der Bereitung derselben abhing als von der Menge der festen Stoffe; viel mehr von der Kunst und Geschicklichkeit des Kochs als von dem Betrag der dafür auf dem Markt ausgegebenen Summen«[22] – war besonders bedeutungsvoll, weil er zu einer Zeit veröffentlicht wurde, als die Getreidepreise hoch waren und England kurz vor einer möglichen Hungersnot stand.[23]

Die bisherigen Verfahren der Nahrungsbereitung über einem offenen Feuer nutzten den Brennstoff nur schlecht und konnten die Wärme schlecht regulieren; oft erhitzte das Feuer den Koch fast mehr als das Kochgut. Rumford änderte das und bereitete modernen Verfahren den Weg. Wie bei der Beleuchtung und der Heizung probierte er seine Gedanken zuerst im Arbeitshaus in München aus, wo er die Küche vollständig neu plante und einrichtete. Er war sehr stolz darauf, dass er für nur zwölf Kreuzer Brennstoff brauchte, um ein Essen für tausend Menschen zu kochen, was mit einem offenen Feuer sicherlich nicht möglich gewesen wäre.

Er erreichte das, indem er auf einem Prototyp des heutigen Küchenherds kochte und dabei das verwandte, was später als Rumford-Röster bekannt wurde. In einem Rumford-Herd waren bis zu zwölf einzelne Feuerstellen als senkrechte Löcher in ein Mauerwerk gebaut und nach Form und Größe so geformt, dass sie zu den von Rumford erdachten Spezialtöpfen, Pfannen, Kesseln und mehrstufigen Dampfkochtöpfen passten. Auch Backöfen, Röster und Heißwasserbehälter ließen sich in den Herd einbauen. Das Feuer wurde durch Öffnen von Ofenklappen reguliert, also durch die Luftzufuhr und durch die Verwendung von Schiebern an den einzelnen Essen, die alle mit demselben Schornstein verbunden waren. Wenn eine Kochstelle nicht benutzt wurde, konnte sie mit einem Deckel aus Ton abgedeckt und die Ofenklappe fast völlig geschlossen werden, das

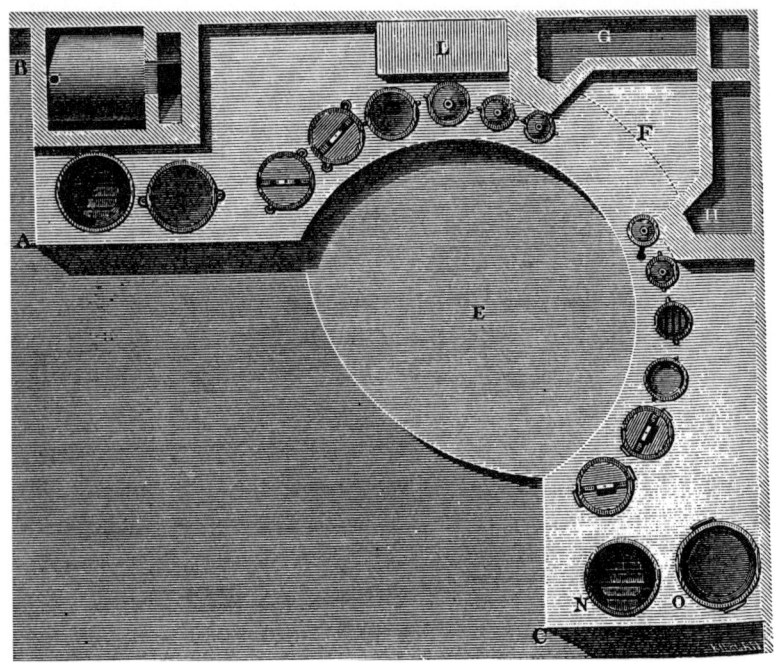

Rumfords Entwurf für den Küchenherd im Militärkrankenhaus in München.

Feuer also glimmte. Die Herde ließen sich an Küchen jeder Größe anpassen und eigneten sich für öffentliche Gebäude wie Krankenhäuser und Arbeitshäuser ebenso wie für Privathäuser.

Der Rumford-Röster war für das Braten von Fleisch bestimmt, das bis dahin auf einem Spieß über einem offenen Feuer gegart wurde. Er hatte seinen Platz im Mauerwerk eines Herdes und bestand aus einem Eisenzylinder von sechzig Zentimeter Länge und 45 Zentimeter Durchmesser, in den das Fleisch auf einem Rost über eine mit Wasser gefüllte Tropfpfanne gesetzt wurde, die den Saft auffing, während auf einem oberen Blech gleichzeitig Kartoffeln und Gemüse garten. Zwei Röhren mit fünfzig Millimeter Durchmesser, jede mit einer verstellbaren

132

Öffnung, liefen unter dem Zylinder entlang und traten von hinten in ihn ein. Sie dienten dazu, die Luftzufuhr in den Zylinder zu regeln, wodurch sich die Temperatur regeln ließ, während eine aus dem Zylinder nach oben führende Röhre, die mit einem Schieber versehen war, überschüssige Gase in den Schornstein abziehen ließ. Rumford behauptete, dass Fleisch, wenn es in diesem Gerät gebraten wurde, besser schmeckte und gesünder sei als am Spieß gebratenes. Außerdem ließen sich so 45 Kilogramm Kalbfleisch in sechs großen Stücken für Brennstoffkosten von nur drei Kreuzern braten. Natürlich war dieser Bräter bald in aller Welt sehr beliebt.[24] Selbst der Pfarrer der Ersten Kirche in Salem in Massachusetts, wo man Benjamin Thompson nicht vergessen hatte, ließ in seine Küche einen Rumford-Herd einbauen.

Rumford widmete seine Aufmerksamkeit auch der Einrichtung der Küchen überhaupt und schrieb, dass »eine gute Anordnung der unterschiedlichen Instrumente und Utensilien das Geschäft des Kochens sehr erleichtern und den Koch in gute Laune versetzen kann, was sicherlich eine Sache großer Bedeutung ist«.[25] Er revolutionierte auch das Kochverfahren der Armee. Nach der alten Methode bereitete sich jeder Soldat seine eigene Mahlzeit in einer Pfanne zu, die er auf einem Dreifuß über ein offenes Feuer stellte. Rumford erfand einen tragbaren Feldofen und organisierte die Massenspeisung immer besser; diese neuen Methoden wurden rasch von anderen europäischen Heeren übernommen.

Im Einklang mit seinen Überlegungen zu neuen Geräten und Methoden gab sich Rumford viel Mühe, im Einzelnen Informationen darüber zu vermitteln, was und wie gekocht werden sollte. Er stellte ein eigenes Kochbuch zusammen, dessen Rezepte sich insbesondere für die Armen eigneten, weil sie billige Grundstoffe wie Graupen, Roggen, Mais und Grieß verwandten. Besondere Aufmerksamkeit schenkte er der Kartoffel, dem Kaffee und der Suppenbereitung. Die Kartoffel war schon Mitte des 16. Jahrhunderts von Amerika nach Europa gekommen;

in Preußen war sie unter Friedrich II. eher mühsam eingeführt worden und lange unbeliebt, weil sie wie Tomaten und Auberginen und alle anderen fremdländischen Nachtschattengewächse in Verdacht stand, giftig zu sein und Tuberkulose und Lepra herbeizuführen. Auch wenn Rumford sich wohl nicht, wie Günter Grass in ›Der Butt‹[26] behauptet, bei Amanda Woyke Rat darüber holte, wie den Bayern die Knolle schmackhaft gemacht werden könne, so lernte er doch vermutlich auf seinen Reisen von den Erfahrungen der Preußen. Er integrierte die Kartoffel so geschickt und offensichtlich erfolgreich, dass sie innerhalb weniger Jahre insbesondere in Form von Knödeln zu einem Hauptbestandteil der bayerischen Nahrung wurde, wie auch im übrigen Europa das Interesse an ihr zunahm. Rumford beschrieb genau, wie Kartoffeln unter Berücksichtigung ihrer Größe gekocht werden sollten, um die Vollkommenheit zu erreichen, die sie in Irland erlangt hatten, und bemerkte, dass »gute Menschen dieses Thema ihrer Beachtung nicht unwert finden werden«.[27] Er gab auch spezielle Rezepte für die Verwendung der Kartoffel in Salaten, Knödeln und Suppen.

Rumford trank selbst fast nur Wasser, hatte aber wohl eine Schwäche für Bier und setzte sich besonders für das Trinken von Kaffee ein. Er schrieb dazu 1812 einen Aufsatz[28], in dem er dessen ausgezeichnete Eigenschaften lobte und die Kunst des vollendeten Kaffeekochens erläuterte. »Seit die Verwendung von Kaffee in Europa verbreitet ist, hat dort auch die Denkfähigkeit zugenommen«,[29] behauptete er und meinte, gesüßter Kaffee sei »sowohl gesund als nahrhaft, besonders im Vergleich mit dem elenden und ungesunden Gewäsch, das die armen Engländer unter dem Namen Tee trinken«.[30]

Er hielt den Kaffee für »in hohem Maße aufheiternd« und meinte, er könne »in den unteren Bevölkerungsklassen die Stelle der Spirituosen einnehmen. Wer hart arbeitet, braucht von Zeit zu Zeit etwas, das ihn ermuntert und erfrischt. Anstatt die Gemüter zu verwirren und zu Gewalttaten aufzureizen, besänftigt der Kaffee alle wilden und bösartigen Leidenschaften und ruft ein Gefühl des Behagens, der Zufriedenheit und des Wohl-wollens den Mitmenschen gegenüber hervor.«[31] Aber solange man in England die bisher übliche Methode der Kaffeezuberei-tung verwandte, sei dieses Getränk zu minderwertig, um sich durchzusetzen.[32] Um die Qualität zu verbessern und die Ver-wendung von Kaffee zu fördern, gab er genaue Anweisungen für Aufbewahrung, Rösten, Mahlen und Zubereitung. Er kon-struierte eine einfache Filterkanne, die als Rumford-Percolator Furore machte. Das Prinzip – Wasser tropft durch den gemahle-nen Kaffee hindurch – hatte allerdings der Franzose De Belloy schon um 1800 erfunden.

Rumfords Originalzeichnung seiner Kaffeekannen. Oben links: Eine Kan-ne mit einem Fassungsvermögen von 400 ml mit einem Blechsieb, unten links eine mit einem Fassungsvermögen von 800 ml mit einem Tonfilter; rechts eine Kaffeekanne für sechs oder sieben Tassen Kaffee.

Für die Speisung sehr vieler Menschen hielt er Suppen besonders geeignet. Am bekanntesten wurde die so genannte Rumford-Suppe. Ein vereinfachtes Rezept nennt als Zutaten: »2 Viertel Graupen, 2 Viertel Erbsen, 8 Viertel Kartoffeln, Brodschnitte, Salz, 24 Maaß schwacher Bier-Weinessig oder vielmehr sauer gewordenes Bier, Wasser ungefähr 560 Maaß« und lautet: »Wasser und Gerstengraupen werden in einen Kochkessel gethan und zum Kochen gebracht. Dann werden Erbsen hinzugegeben und das Kochen wird über mäßigem Feuer zwey Stunden lang fortgesetzt; dann werden die Kartoffeln (die ungekocht oder gekocht schon geschält sind) hinzugethan, und das Kochen wird noch eine Stunde fortgesetzt. Während dieser Zeit wird die Flüssigkeit im Kessel mit einem großen hölzernen Löffel umgerührt, um die Kartoffeln gänzlich zu zerreiben und die Suppe zu einer gleichförmigen Masse zu machen. Sobald dies geschehen ist, werden Weinessig, Salz und zuletzt, wenn die Suppe aufgetragen werden soll, Brodschnitte hinzugethan.«[33] Vier kostspieligere seiner Rezepte ergaben Suppen, von denen ein halber Liter jeweils einen, zwei, vier und sechs Pfennige kostete, und die teuerste enthielt sogar Speck und etwas Fleisch. Bei all diesen Gerichten empfahl Rumford die Hinzufügung kleiner Stücke harter alter Brotreste – vielleicht ist das der Ursprung der Croûtons –, weil das dem Zerkauen förderlich sei, und auf diese Weise könnte die »Dauer des Genusses beim Essen verlängert werden«.[34]

Rumford empfahl auch eine braune Suppe, für die zunächst aus Roggenmehl und Butter eine dunkle Schwitze bereitet wurde, zu der Wasser und Gewürze hinzugefügt wurden und pries den Engländern eine breiähnliche Mischung an, die er als »samp« bezeichnete, für die Mais mit Gerstenmehl, Pfeffer, Essig und Kräutern vermischt wurde, bevor gestoßener Bückling hinzukam. Eine 500-Gramm-Portion davon kostete nur ein Drittel Pfennig. Er gab auch genaue Rezepte für die Zubereitung von Nudeln und Polenta und »amerikanische Brotpuddinge«.

Rumfords Überlegungen zur Massenspeisung in Suppen-küchen, die er in München entwickelte, wurden in ganz Europa übernommen. Es gab sie beispielsweise in Brünn und Prag und Elbersfeld, in Wien wurden 1847 in den Räumen des Versor-gungshauses am Alserbach »bedeutende Mengen Rumford-Sup-pe« verteilt, und Marie von Ebner-Eschenbach erzählt in ›Meine Kinderjahre‹, dass während der Cholera im Jahr 1836 auf dem böhmischen Gut ihres Vaters täglich im Schlosshof große Pfan-nen Rumford-Suppe aufgestellt wurden: »Die Leute kamen mit Töpfen und Kannen und hatten eine gute gesunde Nahrung für sich und ihre Kinder.« Die Millionenstadt London speiste 1801 mehr als 60 000 Arme in öffentlichen Küchen. In Genf trugen die Essenscoupons für solche Küchen Rumfords Namen und Bild. Rumford schrieb seiner Tochter 1801, es sei ihm »ganz un-möglich, nicht tief berührt zu sein von dieser bemerkenswerten Ehrerbietung, die mir von Nationen zuteil wird, die mit Eng-land Krieg führen, und von Ländern, in denen ich niemals ge-wesen bin«.[35] Die Dichterin Karoline Pichler besang ihn in ihren 1803 erschienenen Idyllen: »Dein erfinderischer Geist, o Rumford! Der du des Segens unversiegbaren Quell in leicht er-worbner Speise bereitest …«

Rumford machte sich nicht nur Gedanken über die richtige Ernährung der bayerischen Armen und Soldaten, sondern stell-te in der von ihm im Englischen Garten eingerichteten Vete-rinärschule auch Tierversuche dazu an. Unglücklicherweise ver-leiteten ihn diese zu der völlig falschen Meinung, der Nährwert von Lebensmitteln stecke hauptsächlich im Wasser. Folglich ver-wässerte er alle seine Suppen in der festen Überzeugung, damit das neue Produkt zu verbilligen und zu verbessern. Diese An-sichten und die Wässrigkeit seiner Suppen erregte viel Kritik und wurde lächerlich gemacht, besonders von William Corbett, einem radikalen englischen Schriftsteller, der genau wie Rum-ford ein Anwalt der Armen und arrogant und streitsüchtig war. Corbett schrieb, es sei »unabhängig vom Grad ihrer Armut und davon, wie nah sie dem Verhungern sind, ein Vergehen an

Engländern, wenn ihnen im Namen der Naturwissenschaft und der Wohltätigkeit die geschmacklosen und blähenden Zutaten angeboten werden, die aus Dreck und Knochen bestehen«.[36] Andere Satiriker schrieben selbst nach Rumfords Tod noch in diesem Sinn. So stand 1823 in einer Zeitschrift:»Wer die Mahlzeiten des Grafen schlucken kann, kann alles schlucken«,[37] und in Frankreich bezeichnete man mit »potage à la Rumford« ein Gericht, das absolut nicht schmeckt. Auch der Name »Armeleutesuppe« klingt nicht gerade appetitanregend. Beliebt war das Witzwort:»Rumford kocht sein Mittagsmahl mit dem Rauche seiner Nachbarn.«[38]

Die Royal Institution of Great Britain

Nachdem Graf Rumford in Bayern wieder einmal *persona non grata* und designierter Generalbevollmächtigter des bayerischen Kurfürsten am Hof von St. James geworden war, reiste er nach der »Rettung von München« mit seiner Tochter, Gräfin Rumford, über Hamburg nach London, wo er am 19. September 1798 ankam. Die Reise war gefahrvoll und mühsam, denn der Zustand der Chausseen war miserabel, überall lauerten Straßenräuber und Wegelagerer, die Wirtshäuser waren ungemütlich und wenig gastfreundlich. Einmal musste Sally während der Fahrt abspringen, als die Kutsche über einen Abgrund zu stürzen drohte.

Weil Rumford beim Umtausch von Papiergeld in London große Verluste gehabt hätte, führte er einen Sack mit Gold- und Silbermünzen mit sich, der so schwer war, dass er beim Ein- und Ausladen Hilfe brauchte; oft mussten die Reisenden in der Kutsche übernachten, weil Gasthäuser fehlten. Am zweiten Tag der Reise hatte Sally ein aufregendes Erlebnis, als Graf Taxis sie einholte, um sich ehrerbietig von ihnen zu verabschieden, und Sally ein Billett zusteckte. »Es war ein großes Ereignis für mich«, schreibt sie, »denn noch nie hatte ich die Ehre gehabt, solch ein Briefchen zu erhalten.«[1] Wie enttäuscht muss sie gewesen sein, als sie »nur ein paar fröhliche Abschiedszeilen fand, ohne Bedauern und ohne Melancholie«.

Beim Überqueren des Ärmelkanals in Richtung England muss Rumford dem Schiff begegnet sein, das einen Brief des englischen Außenministers, Lord Grenville, an den britischen Gesandten in Bayern beförderte. Grenville schrieb darin: »Ich habe Sie zu beauftragen, in unmissverständlicher Weise zu erklären, dass Seine Majestät auf keinen Fall geneigt ist, Graf Rumford auf dem ihm zugedachten Posten zu bestätigen.«[2] König

George III. und seine Berater fanden Rumford weder sympathisch noch vertrauenswürdig und hielten es für »äußerst unüblich, einen britischen Untertan als Minister eines ausländischen Fürsten bei seinem eigenen natürlichen Herrscher zu ernennen«. Solange Karl Theodor regierte, belastete es die Beziehungen zwischen den beiden Ländern, dass die bayerische Regierung das Einverständnis der englischen Krone nicht vorher eingeholt hatte.

Rumford erfuhr kurz nach seiner Ankunft im Royal-Hotel in London durch einen Beamten des Außenministeriums von der Absage. Er war enttäuscht und wütend. Der König gewährte ihm eine Audienz, aber Lord Grenville beharrte auf seiner Entscheidung. Die Lage war deprimierend, und Rumford, der sonst nur Wasser und Kaffee trank, begann zu trinken, weigerte sich, ganz untypisch für ihn, seine Freunde zu empfangen, und wies sogar Lady Palmerston ab. Er fühlte sich persönlich gekränkt und machte weniger die britische Regierung als die junge bayerische Kurfürstin für die Kränkung verantwortlich. Vermutlich wurde ihm allmählich klar, dass seine politische Karriere beendet war.

Wieder einmal musste er sein Leben neu planen, und wieder einmal erwog er die Rückkehr nach Amerika. Am 28. September 1798 bat er Baldwin, ihm bei der Suche nach einem ruhigen Ort zu helfen, wo er später einmal »als deutscher Graf seinen Lebensabend verbringen könnte«.[3] Sally, so schrieb er, sei von dem Plan angetan, und er »möchte ihr ein *Heim* hinterlassen, etwas Verlässliches, das sie ihr Eigen nennen kann und das nach meinem Tod ihre Versorgung sichern kann«.[4] Es zeigt wohl, wie verzweifelt er war, wenn er, 45-jährig, an seinen Tod dachte.

Rumford nahm auch mit seinem alten Freund Rufus King, dem amerikanischen Botschafter in London, Kontakt auf, um die Möglichkeiten einer Rückkehr nach Amerika zu erkunden. Die Situation war heikel, weil Rumford, seit er Amerika das erste Mal verlassen hatte, als Landesfeind geächtet war. Die Einwohner von Woburn hatten im Mai 1793 dafür gestimmt, »dass jenen, die das Land verlassen hatten oder geflohen waren, die Rückkehr nicht verboten sein sollte, sie aber Land weder erwerben noch erben dürften«.[5] Andererseits waren Rumfords bemerkenswerte Leistungen, die ihn seit dem Verlassen der Heimat berühmt gemacht hatten, auch in Amerika wohl bekannt, und es gab durchaus Verfechter der Ansicht, man solle reinen Tisch machen und einfach vergessen, dass Rumford im Unabhängigkeitskrieg den Gegner unterstützt hatte. Da die USA einen Krieg mit Frankreich nicht ausschließen konnten, meinten sowohl der Finanzminister als auch der Kriegsminister der USA, Rumfords militärisches Wissen könne ihrer Armee nützlich sein, und erwogen gemeinsam mit Präsident George Washington Pläne, Rumford entweder zum Präsidenten einer neuen amerikanischen Militärakademie oder zum Generalinspektoren der Artillerie zu machen.

Rumford sandte daraufhin alle seine militärischen Unterlagen nach Amerika, bot der amerikanischen Akademie der Wissenschaften seine Sammlung kriegswissenschaftlicher Bücher, Pläne und Zeichnungen als Geschenk an und ließ ihr auch ein Modell einer tragbaren Kanone zukommen, die er, so sagte er, »entworfen habe, um sie den USA zum Geschenk zu machen«.[6] Offenbar buhlte er um Gunst, um seine militärische Karriere fortsetzen zu können.

Rumford verriet den Amerikanern natürlich nicht, dass er auch andere Pläne ernsthaft in Erwägung zog. Erst als King ihn im Namen der Regierung der Vereinigten Staaten einlud, »zurückzukehren und bei uns Aufenthalt zu nehmen«[7], schrieb Rumford ihm am 12. September 1799: »Nichts könnte mir so große Befriedigung gewähren, als dem Wohl meines Vaterlandes zu dienen. Aber große Verpflichtungen, die mir heilig und unantastbar sind, machen es mir unmöglich, über meine Zeit und Arbeit selbst zu disponieren.«[8] Diese Verpflichtungen, die ihn wohl schon seit einiger Zeit banden, führten zu einer weiteren der großen Leistungen Rumfords: der Gründung der Royal Institution.

Es muss Rumford schwer gefallen sein, die verführerischen Angebote aus Amerika abzulehnen; andererseits war er inzwischen in England durchaus beliebt, weil sich sein Kamin überaus gut bewährte, und er hatte sich etwa einen Kilometer westlich des damaligen Stadtrands – 45 Brompton Row (jetzt 168 Brompton Road)[9] – ein Haus gekauft, weil, wie er sagte, »die Luft dort so gut war«.[10] Das Haus hatte mehrere Stockwerke sowie ein Kellergeschoss, in dem die Hausangestellten wohnten, und eine Reihe von Nebengebäuden mit Platz für einen Stall, eine Remise und ein Laboratorium. Rumford richtete sein Haus wie ein Musterhaus mit vielen der modernen Errungenschaften ein, die seine eigenen Interessen widerspiegelten. Es war, wie zu erwarten, sehr gut beleuchtet und beheizt, und der Gang zu den Nebengebäuden war sogar zentralbeheizt. Die Küche war eine eigens geplante Musterküche, die Zimmer hatten Doppelfenster, Blumenkästen, eingebaute Schränke, Tische, die sich an die Wand klappen und Sofas, die sich in Betten verwandeln ließen, unter denen Schubläden Bettwäsche und Bettdecken aufnehmen konnten. Es war ein angemessenes und sehr bequemes Hauptquartier, von dem aus er seine Energien der gewählten neuen Aufgabe widmen konnte.

Diese hatte sich bereits 1795 angedeutet, als Rumford in England Thomas Bernard kennen gelernt hatte, den Sohn von Sir Francis Bernard, von 1760 bis 1769 Gouverneur von Massachusetts, der – am Harvard College zum Rechtsanwalt ausgebildet – seinen Beruf seit der Rückkehr seiner Familie nach England wegen einer Sprachhemmung nicht ausübte. Er war nach der Heirat mit einer wohlhabenden Erbin sozusagen von Beruf Philanthrop und als solcher sehr einflussreich. Er gründete eine Schule für mittellose Blinde, eine Anstalt zum Schutz und zur Erziehung der Kinder, die als Kaminkehrer geschunden wurden, eine Nachbarschaftshilfe zur Erleichterung des Loses Notleidender, ein Krebskrankenhaus, das Londoner Fieberhospital, die Institution zur Förderung der schönen Künste im Vereinigten Königreich und den Alfred Club, eine literarische Vereinigung, bei der Alkohol, Politik und Glücksspiel verboten waren. Er war auch der Schatzmeister des Waisenhauses, dessen Küche Rumford eingerichtet hatte.

Rumford hatte Bernard gleich bei ihrer ersten Begegnung vorgeschlagen, ähnlich wie in München auch in London Arbeitshäuser und Suppenküchen einzurichten, und ihm eine Arbeit übersandt, die Vorschläge machte »zur Gründung durch private Subskription einer Einrichtung zur Speisung der Armen und Versorgung mit nützlicher Beschäftigung und auch für die Lieferung von Speise zu geringen Preisen an solche, die diese Hilfe brauchen können«.[11] Bernard hatte diese Gedanken im Sommer 1796 mit William Wilberforce, einem Gegner der Sklaverei, und anderen einflussreichen Freunden[12] erörtert und gemeinsam mit ihnen die Gründung einer Einrichtung zur Verbesserung des Loses der Armen vereinbart. Beim ersten Treffen am 21. Dezember 1796 wurde der König um das Patronat ersucht. Beim zweiten Treffen, am 24. Februar 1797, wurde beschlossen, dass »Graf Rumford in Anbetracht seiner außerordentlichen Verdienste um das Wohl der Armen und als Zeichen des Respekts und der Achtung, mit der diese Gesellschaft seine Dienste zur Förderung der allgemeinen Ziele der Einrichtung sieht, zum Mitglied gewählt und erklärt wird und auf Lebenszeit dem allgemeinen Komitee angehören soll«.[13]

Die Aussichten für eine solche Einrichtung schienen günstig, zumal in der Oberklasse das Gefühl immer stärker wurde, den Armen müsse wirksamer geholfen werden als bisher.[14] Endlich war Wohltätigkeit gefragt. Rumford schrieb am 13. Mai 1798 an Bernard: »Sie können sicher sein, wenn es erst einmal modern ist, Gutes zu tun, haben Sie alles getan, was menschliche Weisheit tun kann, um den Abstieg einer großen und mächtigen Nation hinauszuzögern, die an dem Zenit menschlichen Ruhms angekommen ist oder ihn überschritten hat.«[15] Er schrieb auch: »Wir müssen Wohltätigkeit in Mode bringen«.[16] Er selbst sei einzig und allein angetrieben von dem Wunsch, »Gutes zu tun und das Glück und die Wohlfahrt der Gesellschaft zu fördern«.[17]

Vermutlich hatte Rumford also das Gefühl, er sei zur rechten Zeit dem rechten Mann begegnet, und er und Bernard würden sehr gute Partner sein. Da sie aber beide charakterstarke Menschen waren, stimmten sie womöglich allein schon deswegen nicht immer überein.

Bald kam es zu einer Auseinandersetzung. Rumfords erste Arbeit für Bernard hatte *zwei* Vorschläge enthalten, von denen der erste durchaus zu den allgemeinen Zielen der Gesellschaft zur Besserung der Bedingungen der Armen gehörte. Der zweite Vorschlag aber besagte, dass im Zusammenhang mit dieser Einrichtung auch eine Institution zur Einführung und allgemeinen Verwendung neuer Erfindungen und Verbesserungen gegründet werden solle, insbesondere »den Umgang mit Wärme und die Brennstoffersparnis betreffend«.[18] Die Idee war nicht neu, so hatten das Conservatoire des Arts et Métiers 1794 in Paris und das 1796 in Glasgow gegründete Anderson's College ähnliche Ziele.[19] Rumford wollte die Naturwissenschaft zur Verbesserung der Lebensbedingungen nutzen, weil seiner Meinung nach die »belebenden Strahlen der Naturwissenschaft, richtig gelenkt, dazu neigen, die Aktivität anzuregen und die Energie einer aufgeklärten Nation zu vermehren«.[20] Bernard und andere Mitglieder der Gesellschaft aber hielten Rumfords Gedanken für allzu ehrgeizig und wollten sie nicht verwirklichen. Sie beauftragten ein Komitee von acht Mitgliedern mit der Untersuchung des Falls, das Rumford nach einem wichtigen Treffen am 31. Januar 1799 bat, seine Vorschläge abzuändern. Rumford schrieb daraufhin eine fünfzig Seiten lange Broschüre, in der er dazu aufforderte, »in der Metropole des Britischen Empires durch Subskription eine öffentliche Institution zu schaffen mit dem Ziel, die Allgemeinheit über Erfindungen und Neuerungen zu informieren und durch philosophische Vorträge und Experimente die Anwendung der Naturwissenschaft auf dem Gebiet des Alltagslebens zu lehren«.[21] Dieser Gedanke wurde außerordentlich gut aufgenommen; aus ihm erwuchs schließlich die Royal Institution of Great Britain.

Die Subskriptionen flossen üppig. Gründungsmitglieder und Miteigner mussten fünfzig Guineen zahlen und Mitglieder auf Lebenszeit zehn Guineen, während der jährliche Mitgliedsbeitrag zwei Guineen betrug. Innerhalb kurzer Zeit kamen so 50 000 Pfund zusammen.[22] Das erste Treffen der Eigner, darunter viele Berühmtheiten, fand im Haus von Sir Joseph Banks, 32 Soho Square, statt. Der Ort war gut gewählt, denn Banks, ein enger Freund Rumfords, war schon seit 1778 Präsident der Royal Society, mit der die neue Institution zusammenarbeiten, aber nicht rivalisieren sollte. Außerdem war Banks als Naturforscher ebenso angesehen wie als guter Verwalter.[23] Er trieb gern Sport, war wohlhabend und ein Freund des Königs, freundlich, bescheiden und großzügig.

Bei diesem Treffen, das Banks selbst leitete, wurden neun Vorstandsmitglieder ernannt, die das Institut leiten sollten; Banks wurde zum Vorsitzenden, Rumford zum Sekretär und Bernard zum Schatzmeister gewählt. Einen Monat später erwarb die Institution für 4500 Pfund in der Albemarle Street, nahe am Piccadilly Circus, ein großes ehemaliges Privathaus, das noch heute ihr Zuhause ist, und beauftragte den Architekten Thomas Webster, es nach Rumfords Plänen umzubauen. Der große Ballsaal wurde zu einem Vortragssaal mit idealer Akustik gestaltet, im Kellergeschoss, wo die Dienerschaft gewohnt hatte, wurde eine Musterküche mit Rumford-Herd und -Öfen eingebaut.

Rumford berücksichtigte bei der Raumplanung auch zwei seiner Lieblingsprojekte: Ein solches Projekt war eine Mechanikerschule, in der Mr. Webster jeweils drei bis vier Monate lang eine Gruppe von zwanzig jungen Arbeitern unterrichten sollte, die im Dachgeschoss des Instituts wohnen konnten, das andere ein Ausstellungsraum mit Modellen der »höchst nützlichen und interessanten Maschine, der Dampfmaschine«,[24] und von Brücken, Lüftungsanlagen, Ziegelöfen, Wäschereianlagen für ein Krankenhaus und vielen anderen »solchen Maschinen, Anlagen und Geräten«, die nach Gutdünken der Leiter zu einer »Schau des mechanischen Fortschritts in allen Ländern« ergänzt werden sollten.[25]

Nach Rumfords Wunsch sollten sich Besucher der neuen Einrichtung dort zuverlässig über »neue Anwendungen der Naturwissenschaft auf die nützlichen Zwecke des Lebens informieren und etwas darüber lernen« können.[26] Um einen guten Unterricht zu gewährleisten, engagierte Rumford den Schotten Dr. Thomas Garnett[27] als ersten Professor und Dozent für Experimentelle Philosophie, Mechanik und Chemie. Die Institution bot Garnett, der eigentlich praktischer Arzt war und einen glänzenden Ruf als populärwissenschaftlicher Dozent hatte, ein Jahresgehalt von dreihundert Pfund an, wobei er seine gesamte Ausrüstung selbst beschaffen musste. Rumford stellte ihm eine lange Liste möglicher Vortragsthemen[28] zusammen, und Ende 1799 konnte Garnett mit der Arbeit beginnen. Weil die Royal Institution nicht nur eine Forschungszentrale werden sollte, sondern auch ein Clubhaus für Wissenschaftler, wurde eine gute Köchin angestellt – zur Förderung der Kunst des Kochens, die Rumford für eine nicht unwichtige Aufgabe der Royal Institution hielt.

Sally, die sich in London nicht wohl fühlte, reiste im August 1799 nach Amerika zurück, was Rumford kaum erwähnt und was sein Leben wohl in mancher Hinsicht auch vereinfacht hätte, wenn er nicht erkrankt wäre. Seine Gesundheit war nie besonders gut; im Lauf der Jahre hatten ihn mehrmals Krankheiten an der Arbeit gehindert, die wahrscheinlich mit den Magengeschwüren zu tun hatten, derentwegen er eine sonderbare Diät hielt und fast nur Wasser trank. Diesmal erholte er sich, indem er viel Zeit mit Lady Palmerston in ihrem Landhaus in Broadlands verbrachte und in England herumreiste, aber erst nach fast vier Jahren war er wieder wirklich gesund.

Während seiner Krankheit hatte Rumford seinem Schweizer Freund Pictet im Vertrauen mitgeteilt, er sei »nicht besonders optimistisch in Bezug auf den Erfolg unserer Unternehmungen«,[29] und er hatte mit Beginn des 19. Jahrhunderts seine

Bemühungen verdoppelt, seinem Geisteskind zum Gelingen zu verhelfen. So zog er aus der Brompton Row in das Oberge-schoss der Royal Institution, um die Vorgänge besser unter Kontrolle zu haben, und er gab eine neue kleine Werbeschrift heraus, für deren weite Verbreitung er sorgte und die er unter anderem an die Präsidenten aller amerikanischen Colleges sand-te. Die Schrift[30] richtete sich besonders an die Wohlhabenden und fasste Rumfords Hoffnungen und Ideale in dem Paragrafen zusammen: »Wenn die Reichen Freude am Betrachten und Fördern solcher mechanischer Verbesserungen haben werden, wie sie wirklich nützlich sind, wird das auch den guten Geschmack und dessen untrennbaren Begleiter, die gute Moral, wieder beleben; ein vernünftiges Wirtschaftsleben in Mode bringen. Fleiß und Einfallsreichtum werden zu Achtung und Lohn führen, und dann werden alle Klassen der Gesellschaft gern zur öffentlichen Wohlfahrt beitragen wollen.«

Im Januar 1800 erhielt die Royal Institution of Great Britain das königliche Siegel, und am 11. März fand ihre erste offizielle Veranstaltung statt. Nach außen hin sah es so aus, als ob alles gut ginge, aber hinter den Kulissen herrschte dicke Luft, zu der Rumfords diktatorische Allgegenwart nicht wenig beitrug. Wenn er etwas nicht selbst machen konnte, wollte er die Ausführung zumindest bis in letzte Einzelheiten bestimmen. Der Satiriker Peter Pindar schrieb: »Ein Mann kann, wie der Graf, einen *außergewöhnlichen Verstand* haben und auch sein *eigener bester Richter* sein, aber es ist doch *ungehörig*, die Meinung *anderer* mit Verachtung zu behandeln.«[31] Die Auseinandersetzungen betrafen das Personal, die Verwaltung und das Geld; wenn Rumford auf der einen Seite war, war Bernard gewöhnlich auf der anderen. In dieser spannungsreichen Atmosphäre wurde fast jeder in Auseinandersetzungen oder Streitereien hineingezogen. So wurden der Pförtner und seine Frau, die Wirtschafterin, entlassen, weil sie, so wurde behauptet, mürrisch und unverschämt seien. Thomas Webster musste erleben, dass seine Pläne für den Vortragssaal, die er nach Rumfords Anweisungen gezeichnet

Eine Zeichnung von James Gillray von einer Vorlesung an der Royal Institution um 1801. Professor Garnett lässt den Herrn links Lachgas einatmen. Humphry Davy, der die betäubenden Eigenschaften des Gases entdeckt hatte, hält den Blasebalg; Graf Rumford steht neben der Tür rechts.

hatte, von einigen der leitenden Herren verworfen und einem anderen Architekten zur Revision gegeben wurden; erst Rumfords Eingreifen konnte die Situation für ihn retten.

Auch Garnett war höchst unzufrieden. Er hatte die Arbeit sofort nach der offiziellen Eröffnung der Institution am 4. März aufgenommen, obwohl die Bauarbeiten noch nicht abgeschlossen waren, und hielt zwei Vorlesungsreihen, eine allgemeinverständliche für die Öffentlichkeit, die vor allem gut unterhalten sollte, und eine akademische Einführung in die Naturwissenschaft. Die Vorlesungen erstreckten sich über je drei Monate und fanden drei Mal in der Woche statt, und zwar eine um zwei Uhr nachmittags, die andere um acht Uhr abends. Sie wurden sehr gut aufgenommen, aber Barnett fühlte sich ungerecht behandelt. Seine Frau war Weihnachten 1798 gestorben, und er musste für seine beiden kleinen Töchter sorgen, für die in der

Royal Institution kein Platz war, weshalb sie bei Verwandten leben mussten. Außerdem erlaubte man ihm nicht, wie in Glasgow als Arzt zu praktizieren, um sein Einkommen aufzubessern.

Auch Rumford musste schwere Rückschläge in Kauf nehmen. Seine Idee, dass Webster junge Mechaniker unterrichten sollte, wurde verworfen, weil Bernard, Banks und andere der leitenden Herren dagegen waren. Damit blieb eine frühe Gelegenheit, die technische Ausbildung in England zu verbessern, ungenutzt. Es kam sogar zu Streitereien darüber, ob die Institution der wohlhabenden Oberschicht dienen sollte, die das nötige Geld zur Verfügung stellte, oder mittellosen Mechanikern und Handwerkern, die Hilfe brauchten. Darin zeigten sich Anzeichen eines Klassenkampfs, wobei der wohlhabende Banks behauptete, die Handwerker hätte ihren Platz in der Gesellschaft, und wenn man sie weiterbilden wollte, sei das so, als ob man Treibhauspflanzen zwänge, die Umwelt zu verlassen, in der sie so gut gedeihen.[32]

Auch Rumfords Idee eines Schaufensters für neue Erfindungen traf bei Bernard auf entschiedenen Widerstand und wurde abgelehnt, weil man die Durchführung für viel zu teuer hielt. Zudem fand die Idee bei Fabrikanten wie Boulton und Watt, den erfolgreichen Herstellern von Dampfmaschinen, überhaupt keine Zustimmung, weil dann, so befürchteten sie, all ihre sorgsam gehüteten Betriebsgeheimnisse enthüllt werden und Konkurrenten ihre Ideen kopieren und ihre Patente umgehen könnten. Matthew Boulton lehnte deshalb sogar das Angebot ab, Leitungsfunktionen zu übernehmen; damit entgingen der Institution beträchtliche Spenden.

In unerschütterlichem Optimismus schrieb Rumford am 5. Juli 1800 an Pictet: »Meine Bemühungen sind sämtlich erfolgreich gewesen – meine Konkurrenten wurden besiegt und all meine Pläne ohne jede Änderung angenommen.«[33] Diese Aussage ist umso bemerkenswerter, als ihn die Anstrengungen hatten erkranken lassen und er fast fünf Monate lang nicht arbeiten konnte. Er machte zunächst zwei Monate lang eine Kur in dem damals bekannten Badeort Harrogate in Yorkshire und bereiste dann Schottland.

Als Rumford Ende 1800 an die Royal Institution zurückkehrte, waren einige wichtige Probleme immer noch ungelöst. Das größte Problem betraf Garnett, den Rumford, wie bald klar wurde, loswerden wollte. Garnetts Vorlesungen waren sehr erfolgreich, und er bereitete jetzt für den eben fertig gestellten Vortragssaal eine neue Reihe vor. Aber er machte den Fehler, ohne Beratung mit der Leitung Einzelheiten darüber zu veröffentlichen, und das ärgerte Rumford so sehr, dass er einen Ausschuss einberief, der überwachen sollte, wie Garnett seine Zeit verwendete und was er in seinen Vorlesungen sagte und tat. Der bedauernswerte Garnett musste nicht nur feststellen, dass sein Gehalt entgegen früheren Versprechen nicht erhöht wurde, sondern außerdem am 9. Februar ohne jede Vorankündigung zur Kenntnis nehmen, dass die Institution Humphry Davy zu seinem Assistenten ernannt hatte und er dem Neuankömmling eines seiner Zimmer abgeben sollte. Das brachte das Fass zum Überlaufen; Garnett kündigte am 1. Juni, wandte sich wieder der Medizin zu und ließ sich in London als praktischer Arzt nieder. Er infizierte sich jedoch bei einem seiner Patienten mit Typhus und starb innerhalb eines Jahres. Seine Töchter blieben mittellos zurück.

Für die Royal Institution erwies sich Davy als Glücksgriff. 1778 in Penzance geboren, war der Sohn eines Holzschnitzers siebzehnjährig als Apothekerlehrling zu einem Arzt gekommen. Er wandte sich nach zwei Jahren der Chemie zu und arbeitete an der Medical Pneumatic Institution in Bristol für Thomas Beddoes, der Lungenkrankheiten durch Inhalieren von Gasgemischen zu heilen versuchte. Davy hatte auf diesem Gebiet bald einen guten Ruf, weil er viele Methoden im Selbstversuch ausprobierte. So entdeckte er die physiologischen Wirkungen von Stickstoffoxydul, dem so genannten Lachgas, das einige Menschen sehr lustig werden lässt, wenn sie es inhalieren, tötete sich jedoch fast durch das Einatmen von Kohlenmonoxid, die giftige Komponente von Kohlengas.

Rumford war durch Mr. R. J. Underwood, einen der Eigner der Royal Institution, auf Davy aufmerksam geworden und sorgte dafür, dass der erst 23-Jährige nach der Anhörung durch ein aus Rumford, Banks und Henry Cavendish bestehendes Komitee zum stellvertretenden Dozenten für Chemie, Direktor des chemischen Labo-

Sir Humphry Davy.

ratoriums und Stellvertreter des Herausgebers ernannt wurde. Sein Gehalt betrug hundert Guineen pro Jahr plus freie Wohnung in einem von Garnetts Zimmern und freie Versorgung mit Kohlen und Kerzen.

Anfängliche Zweifel darüber, ob Davy mit seinem starken Akzent, der seine Herkunft aus Cornwall verriet, seinem ungepflegten Äußeren und einer gewissen Großspurigkeit von der Londoner Gesellschaft akzeptiert werden würde, verflogen überraschend schnell, was vielleicht daran lag, dass die Öffentlichkeit damals wie heute ihren Wissenschaftlern gern etwas Exzentrizität zugestand. Davy wurde nicht nur ein international berühmter Wissenschaftler, sondern er erwies sich auch als ein so begabter Dozent, dass der Besuch seiner Vorlesungen für die Oberklasse Londons geradezu Pflicht wurde. Die eleganten Kutschen seiner Zuhörer blockierten die Zufahrtsstraßen, bis ein Einbahnsystem eingeführt wurde. Es hatte nie etwas Ähnliches gegeben. Davys Biograf Paris berichtet: »Männer des ersten Rangs und Talents – Literaten und Wissenschaftler, Praktiker und Theoretiker, Blaustrümpfe und nach neuester Mode gekleidete Damen, alt und jung, sie alle drängten sich – drängelten geradezu – in den Vortragssaal. Seine Jugend, seine Einfachheit, seine natürliche Beredsamkeit, sein chemisches Wissen, seine geglückten Veranschaulichungen und wohl durchdachten Experimente erregten allgemein Aufmerksamkeit und unbegrenzten Beifall.«[34] Davy erhielt schon nach einem Jahr das doppelte Gehalt, weil er »höchst zufriedenstellende Beweise seiner Fähigkeiten als Dozent und seines unermüdlichen Eifers gegeben hatte«.[35]

Das Schicksal der Royal Institution änderte sich weiter zum Besseren, als im Juli 1801 Thomas Young zum Nachfolger von Professor Garnett ernannt wurde. Young, 1773 in Somerset geboren, war eine phänomenale Begabung.[36] In Cambridge war er als »Phänomen Young« bekannt; die Royal Society wählte ihn als kaum 21-Jährigen zum Mitglied. Er hatte nach seinem Medizinstudium in London, Edinburgh, Göttingen und Cambridge in London als Arzt praktiziert, bis er sich Forschungen zuwandte, bei denen er weitgehend Autodidakt war. Bekannt machten ihn insbesondere seine wichtigen Arbeiten zur Wellentheorie des Lichts und die Entzifferung der Hieroglyphen auf dem 1799 in Ägypten ausgegrabenen Stein von Rosetta. Das Ansehen der Royal Institution profitierte beträchtlich von der Verbindung mit einem solchen Wissenschaftler, aber Young war kein guter Vortragender. Nach zwei Jahren nahm er eine Stelle als Arzt am St. George Hospital in London an, wo er bis zu seinem Tod 1829 blieb.

Eine der Nebenwirkungen von Youngs Berufung an die Royal Institution war, dass Rumford ihm dort Platz machte und in sein Haus in der Brompton Row zurückkehrte. Dort besuchte ihn sein Genfer Brieffreund und Verehrer Professor Marc-Auguste Pictet, der den Mann, den er nur aus der Entfernung bewundert hatte, persönlich kennen zu lernen wünschte. Pictet, ein Jahr älter als Rumford, war tief religiös und zugleich ein leidenschaftlicher Verfechter des wissenschaftlichen Fortschritts. Als Physiker und Meteorologe in Genf trug er viel zur Verbreitung von Rumfords Gedanken in der Schweiz bei, wo er auch für die Einrichtung von Suppenküchen sorgte. Pictet war hell begeistert von der Royal Institution – »Warum kam niemand vor Ihnen auf den Gedanken, solch ein Unternehmen ins Leben zu rufen?« fragte er Rumford – und auch von Rumfords Haus, einem Elysium, dessen Einrichtung, wie er sagte, von idealer Einfachheit und vollkommener Ordnung war.[37]

Rumford überließ die alltägliche Verwaltung der Institution jetzt Young und wandte seine Gedanken, da alles gut zu laufen schien, der Zukunft zu. Wieder sorgte er sich um seine Finanzen. Immer noch war ihm eine halbe Pension als britischer Oberst sicher, aber er wusste nicht, ob seine bayerische Pension weiter bezahlt werden würde, und hielt es für angebracht, dieses Land wieder zu besuchen, um die Kontakte zu erneuern und dort vielleicht eine Sommerresidenz zu finden. Um nicht die Verbindung mit der Royal Institution zu verlieren, wollte er nicht allzu lange abwesend sein. So machte er sich im September 1801 auf die Reise nach München, wo er schon zehn Tage später ankam.

Die Situation in Bayern hatte sich inzwischen wesentlich geändert. Karl Theodor war im Februar 1799 an einem Schlaganfall gestorben; der neue Kurfürst war Maximilian IV. Joseph, der frühere Prinz von Zweibrücken und Rumfords alter Bekannter aus Straßburg. Der neue Kurfürst hatte Rumford in einer seiner ersten Amtshandlungen als militärischen Oberbefehlshaber abgesetzt, nicht aber seine Pension gestrichen. Zudem stand das Bündnis zwischen Karl Theodor und George III. in Frage, denn Max Joseph hatte als Offizier in der französischen Armee gedient, und England befand sich jetzt im Krieg mit Frankreich. Rumford war sehr erleichtert, als er mit aufrichtiger Freundlichkeit empfangen wurde. Er blieb nur zehn Tage in München, wo alles wunschgemäß verlief. Er traf Sophy Baumgarten und fand sie klug und charmant, besuchte Fürstin Therese von Thurn und Taxis auf ihrem Schloss Trogenhofen in Dischingen und wohnte bei einer seiner liebsten Mätressen, Baronin Laura de Kalb, von der er schrieb, es sei »unmöglich, sie nicht mit größter Zärtlichkeit zu lieben«.[38] Mit dem Kurfürsten führte er Gespräche über die Zukunft der bayerischen Akademie der Wissenschaften.

Rumford reiste über Frankreich zurück, wo er noch herzlicher empfangen wurde. Trotz des Kriegzustands zwischen England und Frankreich und obwohl Rumford noch Oberst der britischen Armee war, wurde er bei dieser ersten Reise nach Paris »einfach enchantant« empfangen. Anscheinend kannte jedermann seinen Namen und seine Erfindungen. Er traf Napoleon, damals noch erster Konsul, Talleyrand, den Außenminister, und Wissenschaftler wie Volta, Lagrange, Laplace, Berthollet und Foucroy. Er wurde Mitglied des Institut National de France, das 1793 die ältere Académie des Sciences ersetzt hatte, und wenn er auch wohl eher wegen seiner politischen als wegen seiner wissenschaftlichen Leistungen gewählt wurde und er nur Mitglied zweiter Klasse war, bedeutete es doch eine große Ehre, weil das Institut nur 24 ausländische Mitglieder hatte und man ihn zusammen mit Thomas Jefferson, dem Präsidenten der USA, erkor.

Noch mehr als diese Ehrung genoss er vermutlich die Bekanntschaft der Damen. Am 13. November lernte er Madame Laplace kennen, bei der er sich beim Weggehen mehrmals dafür entschuldigte, dass er sie »bis zu einer so späten Stunde im Bett gehalten hatte«.[39] Am 20. November fand er Madame Jollien mit »mäßig unbedecktem Busen« vor,[40] und am 8. Dezember versicherte ihm Madame de Staël, dass sie eine »sehr liebende Geliebte« sei.[41] Am meisten jedoch beeindruckte ihn Madame Lavoisier, die er am 19. November kennen lernte und sechs Jahre später heiratete.

All dies führte dazu, dass Rumford viel länger als geplant in Frankreich blieb, und vermutlich reiste er nur ungern ab, wenn er sein Leben in München und Paris mit dem verglich, an das er sich in London gewöhnen musste. Als er am 20. Dezember dorthin zurückkehrte, hatte sich die Lage deutlich verschlechtert. Seine Londoner Verleger Cadell und Davies wollten keine weiteren Arbeiten veröffentlichen, weil die Öffentlichkeit das

Interesse daran verloren hatte, seine Gegner hatten größeren Einfluss in der Royal Institution gewonnen, und selbst Lady Palmerston, die vermutlich von seinen Pariser Possen gehört hatte, stand nicht zum üblichen herzlichen Empfang bereit.

Im Gefühl, in London unerwünscht zu sein, beschloss er Anfang 1802, den Kanal zu überqueren und dorthin zu gehen, wo alles viel rosiger aussah. So begann er, seine Angelegenheiten in Ordnung zu bringen. Er stellte eine weitere Sammlung der ›Philosophical Papers‹ fertig, an denen er seit einiger Zeit gearbeitet hatte, und überredete seine Verleger, sie zu drucken und widmete sie Seiner Durchlaucht, dem pfalzbayerischen Kurfürsten Maximilian IV. Joseph.[42] Er verfasste auch einen seltsam optimistischen Bericht über die Fortschritte der Royal Institution, in dem er behauptete, sie könne als »vollendet und fest etabliert« angesehen werden, und erstellte ein 35 Seiten langes Inventar seines Hauses in der Brompton Row, das sogar eine Mausefalle erwähnt, bevor er England am 9. Mai 1802 für immer verließ.

Bei seiner Abreise stand die Royal Institution vor einer Reihe von Problemen, deren Lösung Bernard und einem kleinen Ausschuss überlassen blieb, weil Banks an Gicht litt. Vor allem war die Finanzlage des Instituts verzweifelt, was daher rührte, dass die Subskriptionen, die im Jahr 1800 noch 11 047 Pfund betragen hatten, 1801 auf 3272 Pfund und 1802 gar auf 2999 Pfund gesunken waren. Rumfords Schlussbericht hatte ein Guthaben von 8100 Pfund ausgewiesen, aber tatsächlich waren nur 3180 Pfund auf dem Konto, während 3474 Pfund Schulden ausstanden. Deshalb erwog man Anfang 1803 ernsthaft, die Royal Institution zu schließen und den Grundbesitz zu verkaufen, um die Schulden zu zahlen. Glücklicherweise ließ sich das durch strenge Kostensenkung und Streichungen vermeiden. Man zog einen Buchhalter zu Rate, untersuchte unter anderem die Möglichkeit, die Dienste von Subunternehmern zu nutzen, schränkte die Menge der kostenlos verteilten Literatur stark ein und entließ viele der Angestellten. Thomas Webster beispielsweise, einer der Mitarbeiter der ersten Stunde, wurde mit fünfzig

Pfund abgefunden.[43] Vor allem aber erkannte man endlich, dass Rumfords ursprüngliche Pläne zu ehrgeizig gewesen waren, und beschloss, sich auf Vorlesungen und Forschung in den Laboratorien zu beschränken. Auf diesem Gebiet lagen Davys Stärken, und er brachte die Royal Institution weiter voran. Seine Vorträge waren weiterhin wichtige gesellschaftliche und wissenschaftliche Ereignisse, und seine Erfolge als Forscher, besonders die Gewinnung der Elemente Kalium, Natrium, Barium, Kalzium, Strontium und Magnesium, die ihm 1807 und 1808 gelang, verschafften ihm und der Institution internationalen Ruhm. Trotzdem kam es 1809 zu einer weiteren Finanzkrise, als weder das Kapitalvermögen noch das Jahreseinkommen für einen geordneten Betrieb ausreichten. Die Institution war immer noch eine private Körperschaft, die ihren Mitgliedern gehörte und von ihnen verwaltet wurde. Dies wurde 1810 durch ein Gesetz geändert, das die Eigner entschädigte oder zu Mitgliedern auf Lebenszeit ernannte. Der neue Verwaltungsrat wurde von allen Mitgliedern gewählt, die Institution wurde zu einer staatlichen Einrichtung und das Labor dem allgemeinen Nutzen zugeführt, blieb aber der eleganteste gesellschaftliche und philosophische Club Londons und gedieh weiter.

Davy wurde 1812 geadelt. Als er drei Tage danach die reiche Witwe Mrs. Apreece heiratete, gab er seine Professur auf, wurde aber ein Jahr später zum Honorarprofessor ernannt und arbeitete weiter in der Royal Institution. Er erfand 1815 eine Sicherheitslampe für Bergleute, und 1820 wurde er Nachfolger von Joseph Banks als Präsident der Royal Society, bis er 1827 erkrankte und zwei Jahre später starb.

Noch erfolgreicher als Davy war sein Nachfolger, Michael Faraday, der, 1791 als dritter Sohn eines kränklichen Schmieds geboren, 1813 als Laborassistent von Davy angestellt und 1833 zum Professor der Chemie an der Royal Institution ernannt wurde. Ihm gelangen 1818 die ersten hochwertigen Legierungen, 1823 die Verflüssigung von Chlor und anderen Gasen und

1825 die Benzolgewinnung. Er stellte nicht nur 1835 die Grundgesetze der Elektrolyse auf, sondern entdeckte zusammen mit dem Amerikaner Joseph Henry das Phänomen der elektromagnetischen Induktion und trug wesentlich zur Erfindung des Dynamos und des elektrischen Motors bei. Er führte auch die »Friday Evening Discourses« ein, deren ehrwürdige Tradition bis heute bewahrt wird: Pünktlich um neun Uhr – seit einigen Jahren um acht Uhr – betreten Direktor und Sprecher, der einige Minuten vorher in ein Nebenzimmer geführt wurde, das Auditorium, aus dem er nach genau einer Stunde wieder hinausgeführt wird. Danach haben die elegant gekleideten Mitglieder und Gäste – die Herren tragen Smoking – Gelegenheit, sich bei Erfrischungen zu unterhalten und in der Bibliothek Sonderausstellungen zu betrachten. Allgemein bekannt sind die alljährlichen, vom Fernsehen übertragenen Weihnachtsvorlesungen für Kinder, deren erste Faraday 1826 über ›Die Naturgeschichte einer Kerze‹ hielt.[44]

Faraday, der wohl größte Experimentalphysiker überhaupt, von dem ein Zeitgenosse sagte, er könne »die Wahrheit riechen«, verbrachte 49 Jahre an der Royal Institution. Seit seiner Emeritierung 1862 waren viele andere berühmte Forscher Professoren des Instituts.[45] Im Jahr 1998 übernahm erstmals eine Frau, Professor Susan Greenfield, die Leitung. Man kann spekulieren, was Rumford dazu gesagt hätte, aber jedenfalls könnte er, lebte er jetzt, mit Recht stolz auf das sein, was er trotz vieler Schwierigkeiten und unter persönlichen Opfern gegründet hat.

Die Royal Institution musste sich relativ bald darauf beschränken, eine – wenn auch weltweit anerkannte – Forschungsstätte zu sein, weil Rumfords Vorstellungen von Volksbildung wenig Verständnis fanden und weil das Geld fehlte. Möglicherweise fände Rumford seine Vorstellungen besser in München verwirklicht, wo Oskar von Miller und Georg Kerschensteiner hundert Jahre später im Deutschen Museum ein Haus der Industrie als eine Kombination von Ausstellungs-, Forschungs- und Volksbildungsstätte schufen.[46]

Graf Rumford und
Comtesse Lavoisier de Rumford

Rumfords Entscheidung, England und die Royal Institution zu verlassen, hatte wahrscheinlich auch damit zu tun, dass er sich verpflichtet hatte, in jedem Jahr sechs Monate in Bayern zu verbringen, um so die Zahlung seiner Pension zu rechtfertigen. Er machte sich am 9. Mai 1802 wie zum ersten Mal neunzehn Jahre zuvor auf die Reise von London nach München. Diesmal unterbrach er sie in Paris, wo er Mme. Lavoisier besuchen wollte; auf Wunsch des bayerischen Kurfürsten Max IV. Joseph blieb er länger als geplant, um die französische Einstellung zu einer Grenzverschiebung in der Nähe von Liechtenstein im Sinn Bayerns zu beeinflussen. Aber wie Rumford feststellen musste, hatte sein Einfluss in Frankreich im Vergleich zu seinem letzten triumphalen Besuch stark abgenommen, weil sich die Beziehungen zwischen England und Frankreich verschlechtert hatten. Es kam zu keinem Gespräch mit Napoleon, und die Bürokratie behinderte seine Bewegungsfreiheit, weil er Engländer war. So verließ er am 10. August 1802 – sehr ungern – Mme. Lavoisier, um sich in Begleitung seines alten Freundes Sir Charles Blagden auf den Weg nach München zu machen.

Bayern empfing ihn herzlich, aber wie in Frankreich genoss er auch in diesem Land nicht mehr das frühere Ansehen, und als Blagden Anfang Oktober abreiste, gab es nicht viel für Rumford zu tun. Er wäre gern zu Mme. Lavoisier zurückgekehrt, fühlte sich aber ein halbes Jahr lang an Bayern gebunden. Außerdem waren die Beziehungen zwischen Frankreich und England immer noch gespannt, so dass eine Rückkehr nach Frankreich gar nicht ohne weiteres möglich war. Rumford wandte seine Aufmerksamkeit seinem Lieblingsthema – der Wärme – zu. Mit seinen Versuchen stellte er das Material für die beiden 1804 veröffentlichten Arbeiten zur Wärmemessung und zur Wärmestrahlung zusammen.[1]

Damit war Rumford in den Winter- und Frühlingsmonaten des Jahres 1803 in München zwar beschäftigt, aber einsam. Seine Hoffnung, bald nach Frankreich fahren zu können, verwirklichte sich nicht, weil der Frieden zwischen England und Frankreich auch nach der Unterzeichnung des Vertrags von Amiens im März 1802 gefährdet war und es schon am 18. Mai 1803 erneut zum Krieg kam. Rumford war deshalb hocherfreut, als Mme. Lavoisier ihm im Juni mitteilte, sie habe eine Reiseerlaubnis erhalten, und ein gemeinsamer Urlaub in der Schweiz könne geplant werden.

Rumford war damals fünfzig; seine Ehefrau, die er als 21-Jähriger verlassen hatte, war elf Jahre zuvor gestorben. Mme. Lavoisier war 47 und seit neun Jahren Witwe. Diese bemerkenswerte Frau war als Marie-Anne-Pierette Paulze, die Tochter eines hohen königlichen Beamten, in einem gebildeten und kulturell hoch stehenden Haus aufgewachsen, in dem viele bekannte Philosophen ein und aus gingen. Sie hatte 1771 als noch nicht 15-Jährige den brillanten 28-jährigen Antoine Laurent Lavoisier, den »Vater der modernen Chemie«, geheiratet und »sich sofort in die Dienste der Wissenschaft gestellt«. Sie lernte Latein und Englisch, übersetzte Artikel über Chemie für ihren Mann und nahm bei dem Maler Louis David Zeichenunterricht, um die Publikationen Lavoisiers illustrieren zu können. »Sie führte mit einer auffallend männlichen Schrift in großen Buchstaben die Protokolle der Laboratoriumsjournale während der Vornahme wichtiger Experimente, für welche ein bestimmter Tag der Woche vorgesehen und zu welchen gelehrte Gäste geladen wurden ... Ein Beweis für ihr erfolgreiches Eingreifen in die Tätigkeit ihres Gemahls mag u. a. darin gefunden werden, dass der berühmte Saussure in Genf ... erklärte, dass er durch ihre Berichte zum überzeugten Anhänger der antiphlogistischen Lehren Lavoisiers geworden sei.«[2] Diese kluge, eigenwillige und auffallend schöne Frau feierte als strahlende und sehr charmante Persönlichkeit in der Gesellschaft Triumphe und begrüßte als liebenswürdige und anregende Gastgeberin bei ihren Gesellschaften Wissenschaftler aus aller Welt. Ihre glückliche Ehe mit Lavoisier dauerte 22 Jahre. Lavoisier war seit 1768 Mitglied der königlichen Generalpacht gewesen, der auch sein Schwiegervater angehörte. Deren Auflagen zum Nutzen der Krone hatten das Volk ausgelaugt. Lavoisier, ein liberaler und für Veränderungen durchaus aufgeschlossener Mann, setzte dort seine organisatorischen Fähigkeiten ein und probierte als Direktor der Abteilung für Schießpulver dieser Institution Vorschläge zur Verbesserung der damals chaotischen Verhältnisse bei dessen Herstellung aus, wurde jedoch 1794 beschuldigt, eine »Verschwörung zur Förderung der Sache der Feinde Frankreichs« angezettelt zu haben,[3] wobei man ihm insbesondere vorwarf, »dem Tabak, vornehmlich dem Schnupftabak, eine ungebührliche Menge Wasser zugesetzt zu haben«, während sein Laboratoriumsjournal nachweist, dass er eingehende Studien über den Wassergehalt gemacht und die Qualität der Verkaufswaren den gesetzlichen Anforderungen entsprechend stets sorgfältig kontrolliert und reguliert hatte.[4] Ein Revolutionstribunal sprach ihn und seinen Schwiegervater zusammen mit 26 anderen Angeklagten schuldig; sie alle wurden am 8. Mai 1794 auf der Place de la Révolution (jetzt Place de la Concorde) hingerichtet. Lavoisier bestieg die Guillotine unmittelbar nach seinem Schwiegervater, der als Dritter enthauptet wurde.

Es kann nur wenige politische Morde gegeben haben, die so ungeheuerlich und sinnlos waren wie der an Lavoisier, einem Liberalen, der die Notwendigkeit von Veränderungen in Frankreich erkannte, aber revolutionäre Methoden ablehnte. Er hatte sein Leben lang als Wissenschaftler, Steuerreformer, Direktor der Schießpulververwaltung, als Landwirtschaftsreformer und als Mitglied des Provinzrats von Orléans dem Staat und seinem Volk gedient. Der Vizepräsident des Tribunals jedoch hatte erklärt: »Die Republik braucht keine Naturwissenschaftler.«[5]

Lagrange, der große französische Mathematiker und Physiker, trauerte: »Mit leichtem Sinne fällen Sie ein Haupt, ohne zu bedenken, dass es Jahrhunderte dauern wird, bis ein Gleicher erscheint.«[6]

Mme. Lavoisier, die innerhalb weniger Minuten Vater und Ehemann verlor, musste einige Zeit mit der Befürchtung leben, dass ihr ein ähnliches Schicksal bevorstand. Sie hatte sich viele Feinde gemacht, die behaupteten, sie habe das Leben ihres Mannes retten können, wenn sie seinen Richtern gegenüber weniger anklagend gewesen wäre und mehr Fürsprache eingelegt hätte. Klug genug, Paris einige Monate lang zu verlassen, kehrte sie ein Jahr später, als viele der Revolutionäre selbst den Kopf verloren hatten und die Verurteilung Lavoisiers als Justizirrtum für nichtig erklärt worden war, nach Paris zurück. Sie erhielt das beschlagnahmte Eigentum zurück und konnte wieder als bewunderte Gastgeberin Wissenschaftler in ihren Salon einladen. Bei einer solchen Gelegenheit wurde ihr Rumford vorgestellt.

Bei Rumford war es offenbar Liebe auf den ersten Blick. Nach ihrer dritten Begegnung schrieb er am 2. Dezember in sein Tagebuch: »Mme. Lavoisier ist eine sehr freundliche, heitere, angenehme Dame, und sie ist reich und unabhängig. Als ich von meinen philosophischen Studien und beabsichtigten Veröffentlichungen sprach, bemerkte ich, dass mir nichts soviel Vergnügen macht wie die Durchführung von Versuchen, ich aber das Aufschreiben des Berichts sehr mühsam fände.«[7] Sie bot ihm an, seine Schreibarbeiten zu übernehmen, wenn er sich bei ihr einrichten würde. Rumford fand dieses Angebot »bezaubernd«.

Da auch Mme. Lavoisier gern reiste, verliefen die gemeinsamen Wochen in der Schweiz sehr angenehm, auch wenn sich zumindest für Rumford Arbeit und Vergnügen mischten. Er führte eine große Ausrüstung und viele Papiere mit sich und hielt in Genf vor Wissenschaftlern einen Vortrag über seine neuen Arbeiten. Als er Professor Pictet in seinem Chalet in der Nähe von Chamonix besuchte, verbrachte er einige Zeit mit der Erforschung geheimnisvoller Wasserlöcher im Mère de Glace, die etwa achtzehn Zentimeter Durchmesser hatten und bis in eineinhalb Meter Tiefe reichten. Da sich diese Löcher, wie man ihm dort sagte, nur in den heißen Sommermonaten bildeten, vermutete Rumford einen Zusammenhang zwischen diesem außerordentlichen Phänomen und früheren Überlegungen, die er und andere angestellt hatten, wonach Wasser seine größte Dichte bei näherungsweise vier Grad Celsius hat. Rumford erklärte die Erscheinung damit, dass das Wasser auf der Oberfläche eines kleinen Lochs, das vom Wind auf eine Temperatur zwischen null und vier Grad Celsius erwärmt wird, eine höhere Dichte hat als das darunter liegende kältere Wasser und deshalb nach unten sinkt, wo es das Eis schmelzen lässt und so das Loch vertieft.

Nach Abschluss der Reise kehrte Mme. Lavoisier nach Frankreich zurück, fest entschlossen, die Behörden zur Erteilung der Einreiseerlaubnis für Rumford zu bewegen, während Rumford im grenznahen Mannheim wartete, bis er endlich einreisen und sich in Paris, 356 Rue de Clichy, niederlassen durfte.

Sally erfuhr von diesen Vorgängen nicht von ihrem Vater, sondern von Blagden, der selbst einmal mit Mme. Lavoisier geflirtet hatte. So war sie schon einigermaßen auf dem Laufenden, als ihr Vater ihr am 22. Januar 1804 schrieb: »Ich will dir diese Nachricht nicht länger vorenthalten. Ich denke wieder ans Heiraten, auch wenn ich noch nicht absolut zur Eheschließung entschlossen bin. Ich habe die Bekanntschaft dieser sehr liebenswerten Frau in Paris gemacht, die, so denke ich, nichts gegen mich als ihren Ehemann haben würde und die in jeder Hinsicht eine gute Partnerin für mich wäre. Sie ist eine Witwe, ohne Kinder, und hatte niemals welche; sie ist etwa so alt wie ich, erfreut sich guter Gesundheit, ist eine höchst angenehme Gesellschafterin, hat ein hübsches Vermögen zu ihrer Verfügung, besitzt einen ausgezeichneten Ruf, führt ein großes Haus, in dem alle großen Philosophen und anderen hervorragenden Männer der Forschung und der Feder in unserer Epoche, oder vielmehr in Paris, verkehren. Und, was wichtiger ist als alles andere, sie ist die Güte selbst ... Sie war zu ihrer Zeit sehr schön; und auch jetzt noch, mit 46 oder 48, sieht sie recht gut aus. Sie ist mittelgroß, aber eher *en bon point* als mager. Sie ist äußerst lebhaft und schreibt unvergleichlich gut.«[8] Am 8. Februar schrieb er an Lady Palmerston, dass er hoffe, im Mai zu heiraten.

Das frühe Datum erwies sich als übermäßig optimistisch, denn die Hochzeit fand erst achtzehn Monate später statt. Es kam zu der unerwarteten Verzögerung, weil die französischen Behörden darauf bestanden, Rumfords Geburtsurkunde und die Todesurkunde seiner im Januar 1792 verstorbenen Frau zu sehen. Rumford bat seine Tochter deshalb am 2. Juli, diese Urkunden zu besorgen, aber wegen des Kriegs zwischen England und Frankreich segelten nur wenige Schiffe über den Atlantik, und als die Urkunden Ende 1804 in Paris ankamen, musste die französische Bürokratie sie erst umständlich prüfen.

Rumford verbrachte inzwischen einen großen Teil seiner Zeit mit wissenschaftlichen Studien und Arbeiten für das Institut National de France. Nachdem er schon 1801 als Mitglied Zweiter Klasse in diese elitäre Gesellschaft gewählt worden war, wurde er 1803 in Anerkennung seiner wissenschaftlichen Verdienste Mitglied Erster Klasse. Das war seinem Ruf sehr förderlich, denn das Institut hatte nur sieben ausländische Mitglieder Erster Klasse. Rumford nutzte die Gelegenheit und trug dort viele seiner neuesten Ansichten zu Themen vor, die mit Wärme und Licht zu tun hatten. Seine Mitgliedschaft brachte ihn auch in enge Berührung mit den besten Wissenschaftlern Frankreichs; zusammen mit Napoleon, ebenfalls einem Mitglied Erster Klasse, nahm er an vielen Diskussionen teil.

Im Juni 1805 bat der bayerische Kurfürst Rumford, nach München zu kommen und sich um die Einrichtung der geplanten neuen Akademie der Kunst und Wissenschaft zu kümmern. Wieder erhielt er ein freundliches Willkommen und sogar 4000 Gulden als Zulage zu seiner Jahrespension und als vorzeitiges Hochzeitsgeschenk, aber bald wendeten sich die Dinge zum Schlechteren. Der österreichische Kaiser war es müde, Bayern zu einer Allianz zu überreden, fiel in das Land ein und drohte, München anzugreifen. Angesichts dieser Drohung floh Max IV. Joseph nach Mannheim. Eilig brachte Rumford seine eigenen Angelegenheiten in Ordnung und reiste mit der Familie Aichner, die ihm seit seinem ersten Aufenthalt in München treu gedient hatte und für die er von einer österreichischen Armee Gefahr befürchtete, nach Paris.

Als er dort Mitte September ankam, fand er alle für die Hochzeit nötigen Papiere vor, und das Paar einigte sich zur beiderseitigen Zufriedenheit über die Finanzen. Somit war alles geregelt, und die Hochzeit konnte am 24. Oktober im Rathaus stattfinden. Das Ereignis wurde in der Londoner Zeitung ›Literary Tablet‹ recht bissig angekündigt:»Heiraten: Paris – Graf Rumford und die Witwe von Lavoisier. Durch dieses eheliche Experiment gewinnt er ein Einkommen von 8000 Pfund jährlich – die wirksamste aller Rumfordschen Methoden, ein Haus warm zu halten.«

Vielleicht war es ein böses Omen, dass Madame ihre Verbindung mit ihrer berühmten Vergangenheit bewahren wollte und darauf bestand, sich Comtesse Lavoisier de Rumford zu nennen. Am Tag nach der Hochzeit war Rumford offenbar noch glücklich, und er schrieb Sally, er habe die »begründetste Hoffnung, seine Tage an diesem paradiesischen Ort in Frieden und Ruhe zu verbringen«.[9] Seine Hoffnungen wurden jedoch schon bald zunichte gemacht, denn obwohl die Jungverheirateten einander schon fast fünf Jahre kannten, entdeckten sie bald, dass sie unverträglich waren und über fast alles stritten. Seine Frau liebte Unterhaltung und Gespräche, er zog ruhiges Nachdenken und Experimentieren vor. Sie liebte gutes Essen und guten Wein, aber sein Magen war sehr empfindlich, deshalb saß er oft an einem Nebentisch, wenn sie Gäste hatten. Rumford mochte Musik und ging gern in Konzerte, sie machte sich nichts daraus. Vor allem aber lehnten sie und ihre Dienerschaft die Familie Aichner ab, und Rumford musste sie – »sozusagen meine Familie« und »die anständigsten Menschen der Welt«, wie er sagte –

sehr schweren Herzens zurück nach München schicken; nur Marie Sarah, ein besonders klein geratenes Mädchen, durfte bleiben und erhielt von seiner Frau sogar eine Mitgift von 20 000 Francs, als sie einen jungen Pariser Ladenbesitzer heiratete.

Mme. Lavoisier bewohnte ein »prachtvolles Palais Rue d'Anjou Saint Honoré«[10] in der Nähe der Tuilerien und den Champs Elysées mit einem schönen zwei Morgen großen Park, das 70 000 Goldmark gekostet hatte. Von dem großen Eisentor neben der Pförtnerloge führte ein gewundener Weg zum Hauseingang. Dieses Haus gestaltete Rumford ganz nach seinen modernen Vorstellungen um, so dass er sagen konnte: »Dieser paradiesische Ort ist das, was er ist, durch mich geworden – durch mein Geld, mein Können und meine Anleitungen.«[11]

Mme. Lavoisier dagegen hatte viele Einwände gegen die Art und Weise, wie er ihr Haus umbaute und die Einrichtung nach seinem Geschmack veränderte, ohne auf den ihren Rücksicht zu nehmen. »Kalt, ruhig und eigensinnig kümmerte er sich pedantisch um die Einrichtung, wünschte Ofen, Lampen und Verglasungen nach seinen Angaben hergestellt, vielleicht auch bei Möbelstoffen und Tapeten die von ihm erkannten Gesetze der Komplementärfarben beachtet, wohingegen Mme. hartnäckig und mit Festigkeit auf die Erhaltung des Bestehenden drang.«[12]

Hier hatten sich zwei eigenwillige Menschen zusammengefunden, die es beide gewöhnt waren, dass alles nach ihrem Willen ging, und die sich nicht anpassen konnten – oder wollten. Rumford schrieb zwei Monate nach seiner Heirat an seine Tochter: »Im Vertrauen – als ein Familiengeheimnis zwischen dir und mir: Ich bin mir gar nicht so sicher, dass zwei gewisse Leute sich nicht bei der Eheschließung völlig über ihren jeweiligen Charakter getäuscht haben. Die Zeit wird es erweisen.«[13] Aber die Zeit brachte nur weitere Verschlechterungen der Situation. Am ersten Hochzeitstag schrieb Rumford an Sally: »Wahrscheinlich ist sie so unzufrieden mit mir wie ich mit ihr. Es ist mir nicht wichtig, aber ich nenne sie einen weiblichen Drachen.«[14]

Ein Jahr später, am zweiten Hochzeitstag, schrieb er: »Ich bin noch immer hier, aber weit davon entfernt, sich zu bessern, verschlimmern sich die Zustände jeden Tag. Wir sind heftiger und unverblümter zueinander in unseren Streitereien, und dies in aller Öffentlichkeit.«[15] Mit spürbarem Widerwillen berichtete er von einem solchen Streit: »Eine große Gesellschaft, die ich nicht mochte und mit der ich nicht einverstanden war, wurde zu dem alleinigen Zweck, mich zu ärgern, eingeladen ... Ich setzte meinen Hut auf, ging hinunter zur Loge des Pförtners und verbot ihm bei Verlust seiner Stellung, irgendjemanden einzulassen. Außerdem nahm ich ihm die Torschlüssel weg. Mme. ging hinunter, und als ihre Gäste eintrafen, sprach sie mit ihnen – Mme. auf der einen und die Gäste auf der anderen Seite der hohen Steinmauer. Dann holte sie kochendes Wasser und begoß meine schönsten Blumen damit!«[16]

Es kam noch schlimmer. Am 12. April 1808 nannte Rumford seine Frau in einem Brief an Sally eine der herrschsüchtigsten, tyrannischsten, gefühllosesten Frauen, die es je gab, und deren Starrköpfigkeit bei der Verfolgung eines Plans nicht geringer sei als »die abgrundtiefe Gerissenheit und Schlechtigkeit, mit der sie ihn ausheckt«.[17] Er sagte, er könne sie nicht als Dame bezeichnen, es sei unmöglich, so weiterzuleben, sprach von Trennung und davon, dass er in Auteuil, etwa sechs Kilometer vom Stadtzentrum entfernt, ein besonders hübsches Haus gesehen habe, das zu verkaufen sei. Es sei zwar »ziemlich teuer, aber was tut das, wenn ich nur Ruhe finden kann!«.[18]

Weil die Regelung der Finanzen schwierig war, wurde die Scheidung erst nach mehr als einem Jahr ausgesprochen. Das Haus gehörte zwar der Gräfin, die außerdem 120 000 Pfund mit fünf Prozent in französischen Staatsanleihen mündelsicher angelegt hatte, die Sally im Fall ihres Todes erben sollte. Rumford jedoch hatte viel eigenes Geld in die Renovierungen und Umbauten gesteckt. Niemand wollte nachgeben, und Rumford verwies wieder auf ihren »unstillbaren Hass und ihre Bosheit«;[19] erst als Freunde sich als Schlichter einschalteten, konnten die Probleme gelöst und die Scheidung *à l'aimable* ausgesprochen werden.[20] Die Scheidungsurkunde wurde am 30. Juni 1809 in Auteuil unterschrieben, nachdem Rumford drei Monate lang mit einer schweren Krankheit ans Bett gefesselt gewesen war.

Jetzt genoss er seine Freiheit: »Ich fühle mich von einer unerträglichen Last befreit ... und fühle mich jeden Tag gesünder ... O glücklich, dreifach glücklich bin ich, dass ich wieder mein eigener Herr bin!«[21] Sein verschlungener Lebensweg nahm damit eine letzte Wendung. Sein neues Heim mit drei Morgen Grund lag wunderschön zwischen der Seine und dem Bois de Boulogne. Es hatte der reizvollen und gebildeten Mme. Helvetius gehört, die vielen berühmten Männern freundschaftlich verbunden gewesen war. Auf ihrem Gartenpfad, bald als Philosophenweg bezeichnet, waren außer vielen anderen auch Benjamin Franklin, der spätere Präsident Jefferson und Napoleon gelustwandelt. Gebaut hatte das Haus Monsieur Osiris, ein reicher jüdischer Bankier. Für Rumford schien es ideal geeignet, sich in Zurückgezogenheit und bei philosophischen Studien »dem süßen Genuss von Ruhe, Freiheit und Unabhängigkeit«[22] hinzugeben.

Aber Rumford war müde und abgekämpft und hatte nur noch wenige Freunde. Sogar mit einem seiner ältesten Verbündeten, Sir Charles Blagden, war er zerstritten. Viele seiner englischen Zeitgenossen sahen mit Missfallen, dass er im Land eines Feindes lebte, der von Zeit zu Zeit drohte, England zu erobern. Ähnlich wie in München hatte er sich in Frankreich weniger neue Freunde gemacht als Feinde, weil einige Wissenschaftler, insbesondere der etwas despotische Leiter des Institut National, Marquis de Laplace, Rumfords unumwundene Meinung zu seinen vermeintlichen Denkfehlern nicht gern hörte. Rumford argwöhnte sogar, seine geschiedene Frau nutze ihren Einfluss, um die Stimmung gegen ihn zu beeinflussen. Außerdem hatte ihm der sehr öffentlich geführte Ehekrieg in der Pariser Gesellschaft nichts als Spott und Hohn eingebracht.

Glücklicherweise konnte er immer noch auf die Unterstützung seiner alten Freunde in Bayern bauen. Schon bald nach seiner Krönung zum König Max I. Joseph hatte der frühere Kurfürst Max IV. Joseph Rumford freundlich geschrieben und damit Ängste um die Weiterzahlung der Pension entkräftet. Jetzt schrieb er ihm wieder, wie Rumford seiner Tochter berichtete, »sehr gütig. Er redete mir zu, mein Unglück als aufrechter Mann zu tragen, der sich nichts vorzuwerfen hat.«[23] Rumford sehnte sich damals sehr nach seiner Tochter. Er hatte sie über die schauerlichen Einzelheiten seiner Ehe informiert und mehr als einmal gebeten, nach Paris zu kommen. Aber obwohl er ihr am 24. Oktober und am 12. November 1809 und am 19. Januar 1810 geschrieben hatte, fuhr Sally erst am 24. Juni 1811 von New York ab.

Rumford traf inzwischen Vorbereitungen für ihre Ankunft und versuchte, sich zu rehabilitieren. Er erholte sich nur langsam von all den erlittenen Erschütterungen, bat aber Mitglieder der Familie Aichner zurück und verbrachte zusammen mit zwei Helfern viel Zeit mit der Anlage des Gartens, den eine Kopie von Michelangelos großer Moses-Statue überragte, die sich der Erbauer des Hauses als Grabmal gewünscht hatte, die aber für den Transport zu schwer war, weshalb die Erben auf dem Friedhof an Ort und Stelle eine zweite errichteten, die dort heute noch steht.

Die Besserung seiner Gesundheit spiegelt sich in Rumfords Briefen; am 24. Oktober 1809, etwa vier Monate nach der Scheidung, schrieb er an Sally: »Ich erhole mich hier rasch. Ich fühle mich, als ob ich von den Toten auferstanden sei.«[24] Er fand auch wieder Kraft zu wissenschaftlicher Arbeit. Aus dieser Zeit stammen die meisten seiner Arbeiten über Lampen, Kalorimeter und Kaffeekannen. Nach einer Unterbrechung von vier Jahren nahm er wieder an den Veranstaltungen im Institut National de France teil, wobei berichtet wurde, er habe seinen eigenen Worten mehr Beachtung gezollt als alle Zuhörer. Dort demonstrierte er seine neuen Lampen und schilderte die Vorteile von

Rädern mit breiten Felgen bei Reisen und Vergnügungsfahrten.[25] Seine Versuche hätten gezeigt, so behauptete er, dass die Verwendung von Rädern mit breiten Felgen sowohl den Antrieb verbesserten als auch weniger Straßenschäden anrichteten, und weil er seiner Sache sicher war, ließ er sich eine Kutsche mit breiten Felgen bauen. Seine Überlegungen fanden keine Anhänger, vielmehr waren die Pariser, wenn sie ihn mit dieser Kutsche fahren sahen, wobei er – im Winter – weiße Kleidung und einen glänzend weißen Hut trug, mehr denn je davon überzeugt, dass er ein wahrhaft exzentrischer Wissenschaftler war.

Die Bayern sahen ihn anders, als er auf Einladung des Königs im August 1810 München einen weiteren Besuch abstattete, bei dem er wieder vor allem die Akademie der Wissenschaft weiterbringen sollte. Sofort fühlte er sich in München heimisch; er dinierte mehrmals mit dem König, fand den Englischen Garten »in schönster Pracht« und befreundete sich mit Kronprinz Ludwig, dem ältesten Sohn des Königs.[26] Aber es gab auch traurige Nachrichten. Seine frühere Favoritin, Gräfin Nogarola, war gestorben, und Sophy, seine Tochter aus der Beziehung zu ihrer Schwester, jetzt als Mme. de Miltez verheiratet, war schwer krank. Graf Taxis und der Sohn der Fürstin Nogarola waren mit 30 000 Bayern im Russlandfeldzug gefallen.

Rumford verließ München am 25. Oktober 1810 und reiste über Turin, Nizza, Toulon, Marseille, Montpellier, Avignon und Lyon gemächlich nach Auteuil zurück. Er hatte im Stillen gehofft, dort bei seiner Ankunft Anfang Dezember seine Tochter vorzufinden, musste aber ein weiteres Jahr warten, bis sie endlich Anfang Dezember 1811 ankam. Sie hatte lange gezögert, weil sie wusste, dass sie nicht das angenehme Leben in München aufnehmen würde, sondern ihrem Vater, wie er ihr geschrieben hatte, »Genossin in völliger Einsamkeit, ja Verborgenheit«[27] sein sollte, und war erst am 24. Juli 1811 mit der ›Drummond‹ aus New York abgereist. Ihre Ankunft verzögerte sich sehr, weil das Schiff vor Bordeaux von der britischen Marine als möglicher Blockadebrecher mit Beschlag belegt und nach Plymouth gebracht wurde. Als es dort fünf Wochen lang festlag, konnte Sally ihr altes Haus in der Brompton Row und ihren alten Freund Sir Charles Blagden wieder sehen. Blagden war krank, aber sehr hilfsbereit, und sie beschrieb die Erfahrung als »einen charmanten Besuch«.

In Plymouth musste Sally weitere drei Wochen warten, bis endlich ein für die Kanalüberquerung günstiger Wind wehte. In Morlaix dauerte es zwölf Tage, bis sie einen Pass erhielt. Die achthundert Kilometer lange Reise von dort nach Paris dauerte eine Woche, und deshalb kam sie erst am 1. Dezember in Auteuil an. Sechs Tage später schrieb sie James Baldwin, dem Sohn des 1807 verstorbenen Loammi Baldwin,[28] sie fände das Haus ihres Vaters sehr angenehm, sei ausgezeichneter Gesundheit und sehe nichts, was sie hindern könnte, dort sehr glücklich zu sein.[29] Paris war ein großes Erlebnis, und sie fand auch Freunde.

Sally brachte gute Nachrichten von Rumfords Mutter, die trotz ihres hohen Alters wohlauf war. Rumford nahm die Gelegenheit wahr, ihr 10 000 Dollar zu drei Prozent Regierungsanleihen zu überweisen, um ihr Einkommen aufzubessern. Nicht lange davor hatte er ihr geschrieben: »Mein Leben kommt mir vor wie ein Traum. Ich bin sehr erfolgreich gewesen, aber andererseits war ich auch ungewöhnlich aktiv und unternehmend. Es bereitet mir die größte Genugtuung zu denken, dass meine Mutter mit dem Gebaren ihres Sohnes zufrieden ist.«[30] Er unterschrieb den Brief als »pflichtbewusster und liebevoller Sohn Benjamin«.

Vater und Tochter freuten sich, einander nach so langer Zeit wieder zu sehen, und Sally war froh, dass ihr Vater Vergnügen fand an seinem schönen Garten, seinen lebhaften Pferden und den Singvögeln im Esszimmer. Rumford schrieb mit seinem neu belebten Interesse an der Naturwissenschaft an einem Artikel über »Das Wesen und die Wirkung von Ordnung«. Dieses Thema hatte ihn sein Leben lang fasziniert; Ordnung kam für ihn einer Gottheit nahe. Ordnung war für ihn »das notwendige Hilfsmittel eines Genies, das einzig mögliche Instrument, das ein wissenschaftliches Gut sichern kann«.[31] Der Aufsatz war als bedeutende Zusammenfassung seiner Ansichten gemeint, aber nur kleine Teile haben überlebt, und es ist fraglich, ob er je vollendet wurde. Das zurückgezogene Leben ließ ihm reichlich Zeit für seine vielfältigen Aktivitäten. Zu den wenigen regelmäßigen Besuchern gehörten sein Bankier, Baron Delessert, sein Nachbar M. Loconteux Canelux, sein Kollege Joseph Lagrange und der jetzt in Paris lebende Mr. Underwood, der ihn an der Royal Institution mit Humphry Davy bekannt gemacht hatte. Im Vergleich zu früheren Zeiten verkehrte er jetzt sehr höflich mit seiner geschiedenen Frau. Bei einem Besuch in Auteuil fand Sally Mme. Lavoisier sehr charmant: »Ich war ganz entzückt von ihr. Sie war wirklich eine bewundernswerte Persönlichkeit.«[32] Sie schrieb: »Die beiden wären ein gutes Paar gewesen, wenn sie sich nur hätten einigen können«,[33] und verstand gar nicht, warum sie sich so gestritten hatten.

Es gibt ein Familiengeheimnis, das sich um die recht mysteriöse Gestalt von Victoire Lefèvre rankt, die im Pförtnerhaus wohnte. Wir wissen wenig über sie und kennen nicht einmal mit Sicherheit ihren richtigen Namen. Sie war offensichtlich die Letzte in der langen Reihe von Rumfords Geliebten, denn als sie schwanger war, unternahm Sally eine lange Reise in die Schweiz, um bei der Geburt des Kindes nicht zugegen sein zu müssen. Als Rumfords Sohn Charles François Robert Lefèvre am 3. Oktober 1813 geboren wurde, war Sally nicht nach Feiern zumute, und dieses Ereignis diente auch keineswegs dazu, ihre wechselvolle Beziehung zu ihrem Vater zu verbessern. Aber die Zeit heilt Wunden und bewirkt Wunder. Charles Lefèvre wurde französischer Soldat, hatte 1847 einen Sohn, Amédé Lefèvre, und fiel im Krimkrieg bei der Belagerung von Sewastopol. Als Sally 1852 unverheiratet starb, war Amédé erst fünf Jahre alt, aber es ist bekannt, dass sie ihm in ihrem Testament 10 000 Dollar unter der Bedingung vermacht hatte, dass er den Namen Rumford annehmen, Englisch lernen und einige Zeit in

Amerika leben würde. Er nahm das Geld und änderte seinen Namen, erfüllte aber niemals die anderen Bedingungen.

Fünf Wochen nach der Geburt von Charles brachte Mr. Underwood Gäste zum Diner nach Auteuil, nämlich Humphry Davy und Frau und Michael Faraday, die auf einer Frankreichreise waren. Rumford und Davy hatten sich vor dreizehn Jahren kennen gelernt. Jetzt war Davy eine internationale Berühmtheit auf dem Höhepunkt seiner Karriere, während Rumford am Ende seiner Laufbahn immer zurückgezogener lebte – er spielte nach dem Essen Billard gegen sich selbst – und die Welt um ihn herum zerfiel. Napoleons große Armee von 600 000 Mann war mit Kontingenten aus Österreich, Bayern und Preußen nach Russland gezogen und hatte am 14. September 1812 Moskau eingenommen, war aber zu dem schrecklichen Rückzug gezwungen worden, bei dem der größte Teil des Heeres vernichtet wurde. Auch 1808 und 1814 hatte Napoleon im Krieg gegen Spanien durch Viscount Wellington schwere Niederlagen hinnehmen müssen, und 1812 und 1813 waren insgesamt 750 000 Mann gefallen, verwundet oder in Gefangenschaft geraten. Dann marschierte die Armee des Zaren Alexander am 31. März 1814 mit der Unterstützung vieler anderer europäischer Staaten in Paris ein, Napoleon dankte ab und ging ins Exil nach Elba, während Louis XVIII. König von Frankreich wurde.

Als die russische Armee Paris bedrohte, besuchte Sally eine Freundin in Le Havre, und dort erfuhr sie, dass ihr Vater am 21. August 1814 gestorben war. Er schien kurz zuvor trotz seiner 61 Jahre bei guter Gesundheit gewesen zu sein, starb aber, von einem »plötzlichen Fieber« befallen, innerhalb weniger Stunden. Bei der Beerdigung drei Tage später auf dem Friedhof von Auteuil standen nur wenige Menschen am Grab. Baron Delessert hielt eine Rede, aber weder Sally noch Rumfords geschiedene Frau hörten seinen Tribut: »In England, in Frankreich, in Deutschland, in allen Teilen des Kontinents erfreuen sich Menschen der Segnungen seiner Erinnerungen, und von den bescheidenen Wohnungen der Armen bis zu den Palästen der Herrscher wird niemand vergessen, dass sein einziges Ziel war, immer seinen Mitmenschen hilfreich zu sein.«[34]

Auf Rumfords Grab liegt eine Marmorplatte, und darauf steht ein marmornes Monument. Auf der Platte stand ursprünglich:

En Bavière
Lieutenant-Géneral,
Conseiller d'Etat,
Ministre de la Guerre.
En France
Membre de l'Institut
Académie des Sciences

Die Schrift ist heute unleserlich. Auch die Inschrift auf dem Monument ist sehr schwach. Sie lautet:

À la Mémoire de
BENJAMIN THOMPSON
COMTE DE RUMFORD
né en 1753
à Woburn près Boston en Amérique
Mort le 21 Août 1814
à Auteuil
Physicien célèbre. Philanthrope éclairé
ses découvertes sur la lumière et la chaleur
ont illustré son nom. Ses traveaux pour améliorer
le sort des pauvres le feront toujours chérir
désormais de l'humanité

So erinnert sein Grab an die Verdienste eines Amerikaners um die Physik und um das Sozialwesen in Bayern und Frankreich, ohne England zu erwähnen.

Unten am Monument befindet sich eine weitere Platte, die besagt, dass das Grab von der Universität Harvard und der amerikanischen Akademie der Kunst und Wissenschaften restauriert wurde, nachdem es im Mai 1871 bei einem Aufstand und 1923 durch eine Bombe beschädigt wurde.

In seinem Testament von 1812 hinterließ Rumford Sally eine jährliche Rente von vierhundert Dollar. Er sorgte großzügig für Victoire Lefèvre und vermachte Davy seine goldene Uhr, Delessert eine emaillierte Schnupftabakdose und seinem Testamentsvollstrecker Daniel Parker einen Stock mit einem goldenen Knauf. Alle Bücher, Pläne und Entwürfe, die militärische Dinge betrafen, hinterließ er der Regierung der USA, die sie einer zu gründenden Militärakademie übergeben sollte. Der größte Nutznießer war das Harvard College, das eine Jahresrente von tausend Dollar und den Reinnachlass des übrigen Besitzes erhielt, um damit eine Rumford-Professur zu gründen, »in deren Rahmen regelmäßige akademische und allgemeinverständliche Vorlesungen abgehalten werden, die von geeigneten Experimenten begleitet werden, die Physik und Mathematik nutzbar machen für das Handwerk und für die Vermehrung von Fleiß, Wohlstand, Glück und Wohlbefinden der Gesellschaft«.[35] Diese Ziele erinnern an die der Royal Institution; die Professur gibt es auch heute noch.

Sally blieb bis Mai 1815 in Auteuil. Danach lebte sie abwechselnd in ihrem alten Haus in London, in Paris und in Amerika. Sir Charles Blagden blieb ihr Vertrauter, bis er 1820 in Paris starb, und sie fühlte sich der zweiten Frau Rumfords bis zu deren Tod 1836 freundschaftlich verbunden. Sally blieb unverheiratet und beschäftigte sich immer wieder mit dem Mann, der ihr Vater gewesen war. Sie teilte die 104 Briefe, die sie von ihm erhalten hatte, ein in zwanzig, die seine Arbeiten betrafen, und in 84 »Scheltbriefe« und nahm Auszüge aus ihnen in ihre Memoiren auf. Kurz vor ihrem Tod ließ sie sich die Päckchen bringen und vor ihren Augen ins Feuer werfen. Uns blieben nur Auszüge erhalten.

Sally starb am 2. Dezember 1852 im Alter von 78 Jahren in Concord in dem Zimmer, in dem sie geboren worden war. Da ihr Halbbruder Paul Rolfe 1819 kinderlos gestorben war, gehörte ihr der gesamte Besitz. Sie vermachte der Stadt in ihrem Testament Geld, mit dem das Haus und der Grundbesitz in ein Rolfe-und-Rumford-Asyl für Arme und Bedürftige, besonders junge mutterlose Kinder umgewandelt werden konnten. Damit verwirklichte sie den Gedanken, den sie und ihr Vater 54 Jahre zuvor in München ausgebrütet hatten. Das Heim hatte mehr als ein Jahrhundert Bestand, ehe es abgerissen wurde, um einem achtspurigen Superhighway Platz zu machen.

Benjamin Thompson,
Graf Rumford.

Rumfords Tochter Sally im Alter
von 21 Jahren.

Geburtshaus von Benjamin Thompson.

Die erste Seite von Rumfords mit unsichtbarer Tinte geschriebenem Brief (siehe Seite 24/25).

No. 5.

Miscellanious Observations upon the state of the Rebel Army —

Upon Sunday October 15th, I saw 16 flat-bottom'd boats or Batteaus lying just below Cambridge Bridge, & two more were making in the yard — The workmen informed me that one was finished every day, and that more workmen were daily expected from Newbury — These Boats are built of common deal Boards, & in general will contain from 50 to 60 Men, including the Rowers — What number of them were to be made I could not learn. —

It is generally supposed in the Rebel Army that an attack is designed upon either Charlestown, or Boston, or both — and that these boats are preparing to transport Troops to those places — But many of the more intelligent, and among these some of their principal Officers, rather suppose these preparations are only to amuse ye King's Troops, and by keeping them continually alarm'd with apprehension of being attacked, prevent their going to distant parts of the Country to Ravage. —

About the 13th October a return was made of the number of Men, that all the boats of every denomination (exclusive of the flat-bottom'd boats,) in the Rebel Camp were capable of transporting — and I was told by a Person who saw said return that the total number was 550.

From the best information I have been able to get with respect to their Military Stores, the total quantity of Gun Powder that they have in their Camps, (exclusive of

Die erste Seite des Berichts Rumfords über den Zustand der Rebellenarmee (siehe Seite 25/26).

Modell von Rumfords Kanonenbohrversuch (mit freundlicher Genehmigung des Deutschen Museums in München).

ESSAYS,

POLITICAL, ECONOMICAL,

AND

PHILOSOPHICAL.

By BENJAMIN Count of RUMFORD,

KNIGHT OF THE ORDERS OF THE WHITE EAGLE, AND ST. STANISLAUS; *Chamberlain, Privy Counsellor of State, and Lieutenant-General in the Service of his Most Serene Highness the* ELECTOR PALATINE, *Reigning* DUKE *of* BAVARIA ; *Colonel of his Regiment of Artillery, and Commander in Chief of the General Staff of his Army ;* F. R. S. Acad. R. Hiber. Berol. Elec. Boicœ. Palat. et Amer. Soc.

VOL. I.

LONDON:

PRINTED FOR T. CADELL JUN. AND W. DAVIES (SUCCESSORS TO MR. CADELL) IN THE STRAND.

1796.

Titelblatt der ersten Auflage von Rumfords Essays.

Küchenkonstruktion, die Rumford für die Küche von Baron Lerchenfeld erbaute.

Ein Rumford-Röster.

Wohltäter aus Berechnung?

Was für ein Leben, was für ein Mann, was für ein Lebenswerk? Rumfords Leistungen fanden zu seinen Lebzeiten und nach seinem Tod viel Anerkennung. Der englische Dichter Samuel Taylor Coleridge, der selbst an der Royal Institution Vorlesungen hielt und der jene von Davy besuchte, um seinen Vorrat an Metaphern zu vergrößern,[1] trug seine Dankesschuld ab, indem er Rumford 1796 als Reinkarnation des großen englischen Gefängnisreformers John Howard[2] bezeichnete und ihm »denselben Eifer, einen noch überlegeneren Geist, einen noch größeren Wirkungskreis« zuschrieb.

Rumfords bedeutender französischer Zeitgenosse, der oft als Vater der vergleichenden Anatomie und Paläontologie bezeichnete Baron Georges Cuvier, schloss seine Eloge auf Rumford am 9. Januar 1815 vor dem Institut National mit den Worten: »Durch die glückliche Wahl seiner Themen und auch durch seine Werke hat er sowohl die Achtung der Weisen als auch die Dankbarkeit der Unglücklichen verdient«.[3] Ein Nachruf in der Zeitung ›Monthly Magazine‹ nannte Rumford im Mai 1815 »den Stolz der ganzen Menschheit«.[4] Kein Geringerer als der amerikanische Präsident F. D. Roosevelt zollte seinem abtrünnigen Landsmann höchste Anerkennung, als er ihn zusammen mit Thomas Jefferson und Benjamin Franklin als die größten Geister bezeichnete, die Amerika hervorgebracht hat.[5] Der Philosoph und Spötter Lichtenberg soll Rumford »den nützlichsten aller Naturwissenschaftler« genannt haben. Er berichtet in seinem Kalender für das Jahr 1797 über Rumfords Gedanken zu »Ernährung, Kochen und Kost-Sparkunst« und schreibt: »Graf von Rumford gehört unstreitig mit unter die ersten Naturforscher unserer Zeit. Alle Theile der Naturlehre, die er nur berührt, erhalten von seinem Genie Aufklärung und Erweiterung. Was er hier der Welt übergibt, sind nicht etwa bloß sinnreiche Speculationen, die immer, von einem solchen Genie angestellt, respektabel sein würden; es sind großentheils Versuche, alle nach einer sehr großen Skala in der wirklichen Welt ausgeführt. ... Was er zu dem Ende [Soldaten zum Bürger und Bürger zum Soldaten zu machen] dort wirklich ausgeführt hat, wird man zu Anfang des ersten Versuchs mit Vergnügen und selbst nicht ohne Bewunderung lesen.«[6]

Und doch starb Rumford einsam, und nur wenige trugen ihn zu Grabe. Heute wissen nicht viele Menschen, wer er war und was er tat. Warum? Meistens meint man, er sei eben ein unerträgliches Genie gewesen und habe die Menschen, mit denen er zusammenarbeiten musste, mit solcher Geringschätzung und Verachtung behandelt, dass er sich umso mehr Feinde machte, je älter er wurde. Ein Kommentator schrieb, er habe keinen Humor gehabt und sei kein Menschenfreund gewesen, sondern »von Anfang bis Ende hart, spröde und egozentrisch«.[7] Ein anderer meinte: »Er war unglaublich kaltblütig, inhärent egoistisch und ein Snob«[8], und ein dritter: »Er war in der Geschichte der Naturwissenschaften der unangenehmste Mensch seit Newton.«[9]

Selbst seine Tochter sagte: »Mein Vater hatte es sehr gern, wenn alles nach seinem Willen ging – oft, um mich zu ärgern, wie ich mir einbildete«,[10] und: »Er konnte so und anders sein. Und immer, wenn er selbst ruhig und glücklich war, war er wie andere, oder, anders gesagt, liebenswürdig, aber wenn ihn Sorgen oder Geschäfte quälten oder er viel zu tun hatte, war er völlig unleidlich.«[11] Cuvier räumte in seinem Nachruf ein: »Aber man muss zugeben, dass er in Gesprächen und persönlichen Beziehungen, ja in seinem ganzen Auftreten, eine Einstellung an den Tag legte, die bei einem Mann, der stets so gut von anderen Menschen behandelt wurde und selbst anderen Menschen so viel Gutes tat, äußerst eigenartig wirken musste. Es war, als hege er für seine Mitmenschen, denen er doch so viel Dienste erwies, in Wirklichkeit weder Zuneigung noch Achtung. Man könnte meinen, dass die niedrigen Leidenschaften, die er bei den seiner Obhut anvertrauten unglücklichen Kreaturen beobachtet hatte, oder jene anderen, nicht minder niedrigen Leidenschaften, die sein Ruhm oder Erfolg unter seinen Rivalen entfachte, ihn gegen die Menschheit erbitterten.«[12] Der Nachruf des ›Monthly Magazine or British Register‹ sagte, der Graf habe an der Royal Institution »einen solchen Grad an *hauteur*« gezeigt, dass es seine Förderer verstimmt und Dr. Garnett, »unserem lieben Freund und ersten Professor dort fast das Herz gebrochen hat«.[13]

Seltsamerweise passt dieser egozentrische Aspekt von Rumfords Persönlichkeit überhaupt nicht zu vielen seiner Taten. Denn es kann kein Zweifel daran bestehen, dass er seine Fähigkeiten und seine originellen Ideen aus Überzeugung dazu verwendet hat, als Sozialreformer und als Förderer naturwissenschaftlicher Bildung zu wirken und um Gutes zu tun. »Es ist meine Absicht«, so schrieb er, »die Freuden und Annehmlichkeiten des Lebens, besonders der unteren und zahlreicheren Gesellschaftsklassen, zu mehren.«[14] Und: »Meine größte Freude ergibt sich aus der stillen Betrachtung, dass es mir gelang, Wege und Arbeitsmöglichkeiten zu finden, die dem Wohlbefinden der Menschheit dienen.«[15]

Nicht das, was er tat, war falsch, denn als Sozialreformer war er seiner Zeit in mannigfacher Weise weit voraus, vielmehr machte er sich durch die Art seines Handelns unbeliebt. Darin offenbarte sich die Gespaltenheit seines komplexen Charakters. Die menschenfreundliche, mitfühlende, umsichtige und humanitäre Seite seines Wesens, die sich zeigt, wenn er »Wohltätigkeit zur Mode machen« wollte,[16] wurde durch Wesenszüge überdeckt, die als eingebildet, besserwisserisch, unausstehlich, zielstrebig, barsch, opportunistisch, anmaßend, überheblich, streitsüchtig und wichtigtuerisch, hochmütig, großspurig, selbstgefällig, kalt und berechnend, egozentrisch und exzentrisch, ordnungsfanatisch, gehetzt, humorlos und später auch als hyperchondrisch und einsiedlerisch beschrieben wurden.

Der Historiker Hammermayer schreibt dazu: »Seinem übersteigerten Selbstgefühl entsprach ein unterentwickeltes Gefühlsleben. Der Menschenfreund ging in all seinem Tun mit der Distanz und Neugier des Naturwissenschaftlers und Sozialingenieurs – und stets auch *ad majorem gloriam suam* – zu Werke.«[17] Anerkennenswert sind insbesondere die ungewöhnliche Fähigkeit, Ausdauer und Folgerichtigkeit, mit der er Projekte erdachte, durchführte und häufig auch durchsetzte, aber auch seine unersättliche Wissbegierde und Lernfreude und seine Begabung für Sprachen. In seinen besten Zeiten zeigte Rumford im Umgang mit Großen und Mächtigen Anpassungsfähigkeit und diplomatisches Geschick. Mit sicherem Blick entdeckte, gewann und förderte er fähige, gelegentlich sogar überragende junge Köpfe. In München vermittelte er den Naturforschern Joseph und Franz Xaver Baader einen längeren England- und Schottlandaufenthalt, und er förderte den neunzehnjährigen Georg Reichenbach, der bei einem Englandbesuch in Birmingham Gelegenheit hatte, Industriespionage zu betreiben.[18] Seine engeren Münchner Mitarbeiter, die Offiziere von Gaza und Freiherr von Werneck, verdankten ihm ihren Aufstieg ebenso wie der Journalist Joseph Marius Babo, der Jurist und Historiker Felix Joseph Lipowsky und der Zeichner und Maler Johann Georg Dillis.[19]

Ein Kommentator versuchte, das zusammenzufassen, als er schrieb: »Obwohl Rumford bis zu seinem Todestag eine genauso große Abneigung gegen Menschen hatte wie die Menschen gegen ihn, liebte er doch die Menschheit.«[20] Das klingt widersprüchlich, trifft aber das ungewöhnliche und rätselhafte Wesen dieses Mannes. Das gilt auch für seine eigene Selbsteinschätzung, die er in seinem letzten Brief an seinen früheren Vorgesetzten, den sterbenden Lord Viscount Sackville, schreibt: »Kein Mann trug je einen besseren moralischen Charakter als ich, und kein Mensch konnte je zufriedener sein mit sich selbst.«[21] Nicht viele Menschen könnten es je über sich bringen, einen solchen Satz zu schreiben.

Rumford, so könnte man sagen, wollte Großes für die Menschheit tun, nicht Freundliches für einzelne kleine Menschen. Er war Wohltäter aus Berechnung, nicht aus Zuneigung. Wir schmiegen deshalb unsere dankbare Wange lieber ins warme Gras des Englischen Gartens als an das steinerne Denkmal dieses vielseitigen Genies.[22]

Anhang

Anmerkungen

Vorbemerkung zur deutschen Ausgabe

1 Rumford, ›Kleine Schriften‹, Band I, S. VI.
2 Rumford, ›Kleine Schriften‹, Band II,2, S.149.
3 Stutzer, S. 31.

Benjamin Thompson – ein Engländer in den amerikanischen Kolonien

1 Ellis, S.7.
2 Ibid., S. 8.
3 Brown, ›Benjamin Thompson, Count Rumford‹, S. 1.
4 Ellis, S. 8.
5 Ibid., S. 15.
6 ›Silliman's American Journal of Science‹, Band 33 (1838), S. 21.
7 Ellis, S. 43.
8 Ibid., S. 7.
9 Larsen, S.13.
10 Brown, ›Benjamin Thompson, Physicist Extraordinary‹, S. 7.
11 Ellis, S. 22.
12 Rumford, ›Complete Works‹, Band I, S. 98.
13 Larsen, S. 18.
14 ›Chalmer's Biographical Dictionary‹, Band 29, S. 298.
15 Ellis, S. 44.
16 Johnson, S. 116.
17 Ibid.
18 Der Vorfall wurde unsterblich durch Longfellows Gedicht:

Passt auf, meine Kinder! Sollt hören von mir
Den Mitternachtsritt des Paul Rivire,
...
Das Weitere kennt Ihr; Ihr las't ja schon,
Wie die Briten gefeuert und wie sie floh'n,
Wie die Landleute Kugel auf Kugel gesandt
Hinter Hecken hervor, von der Hofmauer Rand',
Die Rothröcke trieben die Lichtung empor,
Die Felder durchjagten, dann tauchten hervor
Unter Bäumen an der Straße, durchkreuzten die Flur
Zum Feuern und Laden stillstanden nur.
(Übersetzung: Hermann Simon)

19 Sparrow, S. 39.
20 Clark, S. 12.
21 Breed's Hill.
22 Clark, S. 14.
23 Ellis, S.65.
24 Ibid., S. 67/68.
25 Larsen, S. 14.
26 Ellis, S. 68.
27 Sparrow, S. 36.
28 Ibid., S. 281.
29 Ibid., S. 279.

Sir Benjamin – Oberst in englischen Diensten

1 Boswell, Band II, S. 412.
2 Der Verfasser kennt die Quelle nicht und würde sich über Informationen dazu freuen.
3 Chambers, S. 1559.
4 Brown, ›Benjamin Thompson, Count Rumford‹, S. 47.
5 J. A. Thompson vermutet, ihre gute Beziehung habe »ihren Ursprung möglicherweise in der mit Bitternis gefärbten menschenverachtenden Arroganz im Wesen beider« (S. 43).
6 Ibid.
7 Ellis, S. 116.
8 Rumford, ›Kleine Schriften‹, Band IV, 2, S. 166.
9 Well, C. R., ›History of the Royal Society‹, Band II, S. 212.
10 Ellis, S. 109.
11 Brown, ›Benjamin Thompson, Count Rumford‹, S. 61.
12 Ibid., S. 325.
13 Brown, ›Count Rumford, Physicist Extraordinary‹, S. 31.

14 Parkinson, S. 110.
15 Larsen, S. 50.
16 Sparrow, S. 60.
17 Ibid.
18 Larsen, S. 51.
19 Brown, ›Benjamin Thompson, Count Rumford‹, S. 88.
20 Grass, S. 364. Der satirisch klingende Bericht bei Grass beruht auf bestätigten Tatsachen, wie ›Der Butt‹ überhaupt Leben und Werk Rumfords, wenn auch literarisch verbrämt, zutreffend schildert.

Graf Rumford als Staatsmann in Bayern

1 Brown, ›Benjamin Thompson, Count Rumford‹, S. 93.
2 Der 1756 geborene Prinz wurde nach dem überraschenden Tod seines älteren Bruders Karl August 1795 Herzog des damals schon von den Franzosen vereinnahmten Zweibrücken. Nachdem der pfalzbayerische Kurfürst Karl Theodor 1799 ohne leiblichen Thronerben verstarb, wurde Max Joseph als Maximilian IV. Joseph als erster Wittelsbacher der Linie Zweibrücken-Birkenfeld Kurfürst von Bayern. Es gelang ihm gemeinsam mit seinem fähigen Minister Graf Montgelas, das eher zurückgebliebene, stark von der Kirche dominierte Land in einen aufgeschlossenen liberalen Staat zu verwandeln. Zum Dank für die Unterstützung in dem schweren Kampf gegen Österreich und Russland gewährte Napoleon Bayern 1806 die Erhebung zum Königreich, und Maximilian IV. Joseph wurde als Maximilian I. Joseph der erste bayerische König.
3 Heigel, S. 8.
4 Ibid.
5 Ellis, S. 157.
6 Ibid.
7 Graf Bretzenheim war, wie Thompson erst später erfuhr, der illegitime Sohn des Kurfürsten aus dessen Beziehung zu der Mannheimer Schauspielerin und Tänzerin Josepha Seyffert.
8 Brown, ›Benjamin Thompson, Count Rumford‹, S. 90.
9 Hammermayer, S. 54.
10 Unter Karl Theodor, einem, wie Daniel Schubart sagte, »enthusiastischen Verehrer der Tonkunst«, erreichte das kulturelle Leben seiner Residenzstadt Mannheim einmalige Höhen. Der »liberale Lebefürst« Karl Theodor, selbst Fötenspieler, unterhielt ein Operntheater und ein Orchester mit lauter meisterhaften Musikern, das als Klangkörper europäischen Ruhm erlangte und als Mannheimer Schule die Klassik begründete; dort hoffte Mozart fast fünf Monate lang vergeblich auf eine Anstellung als zweiter Konzertmeister. Karl Theodor beauftragte Mozart jedoch mit der Komposition seiner ersten

Seria-Oper, ›Idomeneo‹, dem Vorbild eines aufgeklärten Herrschers, an deren Arbeit und Proben er viel Anteil nahm und die mit großem Erfolg 1780 in München uraufgeführt wurde.

11 Er reiste in diesen Jahren offenbar viel, auch nach Preußen. Vermutlich informierte er sich dort über den Kartoffel- und Rübenanbau; auch seine Bekanntschaft mit den Schwestern der Königin Luise in Regensburg und Hilpoltstein könnte aus dieser Zeit stammen. Jedenfalls schlug ihn der preußische König persönlich für seine Akademie vor.

12 Larsen, S. 58.

13 Ibid., S. 67.

14 Miedaner, S. 23.

15 Rumford, ›Kleine Schriften‹, Band I, S. 6.

16 Ibid., S. 13.

17 Ibid., S. 19.

18 Ibid., S. 41.

19 Vermutlich waren ihm besonders bei der Anlage des zunächst als »Englischen Turm« bezeichneten Chinesischen Turms die Kew Gardens in London ein Vorbild. Dieser Park war 1759 von Prinzessin Augusta, der Mutter des Königs George III., angelegt worden. Rumford könnte auch sehr wohl das 1756 errichtete Chinesische Haus im Park von Sanssouci und die dortige Winzerwohnung Drachenburg oder die nach dem Vorbild von Versailles im chinesischen Stil errichtete Meierei auf der Pfaueninsel gekannt haben.

20 Dieser im palladianischen Architekturstil der amerikanischen Ostküste gebaute schlichte Rechteckbau mit ionischem Säulenportikus wird heute als Rumford-Saal oder Rumford-Schlössl bezeichnet und ist, sicher ganz im Sinne Rumfords, ein »Natur- und Kulturtreffpunkt für Kinder«, die dort an Nachmittagen und in den Ferien betreut und zu kreativer Arbeit und praktischen Erfahrungen mit der Umwelt angeregt werden. Der Bau geht zwar auf Rumford zurück, aber der Entwurf stammt von Johann Baptist Lechner. In seinem verspiegelten Saal konnten 150 Personen dinieren; Speisen wurden in einer damals höchst modernen Küche im Untergeschoss zubereitet.

21 Hammermayer, S. 66.

22 Sehr schön hat hierzu Eugen Roth gedichtet:
Durch den Intendanten Skell
Schuf er den großen Garten schnell,
Teils isarauf- und niederwärts,
Teils tief ins gold'ne Münchner Herz.

23 L'homme est né libre et partout il est dans les fers.

24 Heigel, S. 21.

25 Ellis, S. 662.

26 Heigel, S. 23.

27 Lichtenberg vermerkt in seinen ›Sudelbüchern‹ (SB2, L 813): »Die Versuche des Grafen Rumford über die Farben verdienen die größte Aufmerksamkeit. Es scheint da etwas Neues vor der Tür zu sein.«

28 Brown, ›Benjamin Thompson, Count Rumford‹, S.146.
29 Pöhlmann, S. 408.
30 Krauss-Meyl, S. 59.

Rumfords Reformen

1 Grass, S. 370.
2 Rumford, ›Kleine Schriften‹, Band I, S. 38.
3 Ibid., S. 41 f.
4 ›Mémoire sur l'Etat actuel de l'Armée de Son Altesse Serenissimus Electorale, Monseigneur l'Electeur Palatine de Baviere &ca &ca et sur les Moyens de la mettre sur un meilleur pied‹. Bayerisches Hauptstaatsarchiv, Kriegsarchiv, HS 78.
5 Der Kommission gehörten Finanzminister Freiherr von Oberndorff, die Generäle Graf Pappenheim und Graf La Rochée, Freiherr von La Motte und die Obersten Freiherr von Vieregg und von Gaza an.
6 »d'Avoir une bonne Armée à peux de frais«, Bayerisches Hauptstaatsarchiv, Kriegsarchiv, HS 78, S. 14.
7 Ibid.
8 Ibid.
9 Larsen, S. 68.
10 Rumford, ›Kleine Schriften‹, Band I, S. 3–142.
11 Ibid., S. 51 ff.
12 Thompson hatte Belderbusch seine Denkschrift schon einige Tage früher zur Begutachtung gegeben; der hatte in einer eigenen Denkschrift insbesondere Bedenken gegen das Beurlaubungssystem erhoben.
13 Bezzel, S. 21.
14 Allerdings wurde die Zwangsaushebung von »übelbeschrienen, dienstlosen und müssiggehenden Personen« schon 1793 wieder erlaubt.
15 Zur Montur gehören Hut, 2 Hemden, 2 Paar Schule, 1 Paar schwarztüchne Kamaschen, 1 Paar leinerne Kamaschen, 1 Paar leinerne Hosen, 2 Paar Strümpfe, 1 schwarzes Halsbündel, 1 Bindeschnalle, 1 Paar Schuhschnallen, 1 Kittel, 1 Paar Handschuhe, 1 Habersack.
16 Möhl, S. 79.
17 Mayr 5, Nro LXXXVI, 639–657.
18 Ibid.
19 Rumford, ›Kleine Schriften‹, Band I, S. 6.
20 Instruktionen für den kurpfalzbayerischen Militär-Cordon, 1788, hier 3/4.
21 Rumford, ›Kleine Schriften‹, Band I, S. 468–477.
22 Mayr 5, Nro. XXII, 539. Der Plan, in allen Garnisonsstädten Militärgärten anzulegen und der Öffentlichkeit nutzbar zu machen, wurde sonst nur bei den Mühlhaus-Inseln in Mannheim verwirklicht.

23 Rumford, ›Kleine Schriften‹, Band I, S. 6 und 11.
24 Bayerisches Hauptstaatsarchiv, Kriegsarchiv, A VII, 476.
25 Der Kommission gehörten die Präsidenten des Hofkriegsrats (Graf von Daun), der Oberlandesregierung (Graf von Morawitzky) und des geistlichen Rats (Graf von Spauer) an; ihnen standen jeweils zwei von ihnen ernannte Räte aus ihrem Amtsbereich zur Seite.
26 Bayerisches Hauptstaatsarchiv, Kriegsarchiv, A VII, 476.
27 Ibid.
28 Mayr 5, Nro XXV, 543.
29 Rumford, ›Kleine Schriften‹, Band I, S. 90.
30 Ibid., S. 88.
31 Ibid., S. 128.
32 Ibid., S. 76.
33 Michael Lechner, Predigt über die Hindernisse der Wohltätigkeit gehalten am Feste der Erscheinung Christi in der churfürst. Kollegiatskirche zu unserer lieben Frau, bey der jährlichen Stiftungsfeyer des Armeninstituts in München, 1793, zitiert bei Pöhlmann, S. 399.
34 Bayerisches Hauptstaatsarchiv, Kriegsarchiv, A1,1d.
35 Schattenhofer, S. 43.
36 Rumford, ›Kleine Schriften‹, Band I, S. 43.
37 Pöhlmann, S. 417.
38 Ibid.
39 Katalog zur Ausstellung »Krone und Verfassung. König Max I. Joseph« 1980, München, Schirmer, Piper 1980, S. 63.
40 Außerdem war er Mitglied der Pfälzischen Akademie in Mannheim (seit 1785) und der Berliner Akademie der Wissenschaften (seit 1787) und der Akademien in Göttingen (seit 1795) und Philadelphia.
41 Kanzler Kreittmayr, zitiert bei Heigel, S. 10.
42 Hammermayer, ›Rumford‹, S. 62.
43 Hammermayer., ›Akademie‹, S. 189.
44 Ibid., S. 188.
45 Ibid., S. 196, Fußnote 117.

Graf Rumford und seine Tochter

1 Larsen, S. 124.
2 Brown, ›Benjamin Thompson, Count Rumford‹, S. 165.
3 Ellis, S. 224.
4 Ibid., S. 223.
5 Ibid., S. 222.
6 Ibid., S. 225.
7 Ibid., S. 212.

8 Ibid.
9 Larsen, S. 130.
10 Er hatte den Verlag mit Hilfe von Lord Sheffield, einem Freund von Edward Gibbon und Mitglied des Parlaments, gefunden.
11 »A smoky house and a scolding wife, are two of the greatest ills of life.« Brown, ›Benjamin Thompson, Count Rumford‹, S. 188.
12 Larsen, S. 121.
13 Ibid., S. 123.
14 Rumford, ›Kleine Schriften‹, Band II, 2, S. 345.
15 Ibid., S. 9.
16 Ellis, S. 209.
17 Ibid., S. 212.
18 Ibid., S. 242.
19 Larsen, S. 144.
20 Ibid.
21 Oberst Friedrich Maximilian Valentin Graf Taxis wurde 1767 geboren, heiratete 1808 und fiel 1809 im Russlandfeldzug.
22 Bayern, Adalbert von, S. 183.
23 So kursierte zum Beispiel in der Münchner Gesellschaft ein Witz, wonach Karl Theodor einer Hofgesellschaft das Rätsel stellt: »Was ist das, ich hab's hinten, und meine Frau hat's vorn?« – und als niemand die Lösung fand, selbst antwortete: »Sie hat ein Strichel vorn und ich hinten – den Einser: 17 und 71.« Zitiert in Karl Spengler, Die »kolossale Fortüne« der Kurfürstin Maria Leopoldine, in: ›Münchner Historien und Histörchen‹, S. 19–32, S. 23.
24 Larsen, S. 155.
25 Ibid., S. 149.
26 Ellis, S. 281.
27 Johann Georg Dillis wäre dem Grafen Rumford 1799 gern als Botschaftskaplan nach London gefolgt, aber das wurde durch die Nichtakkreditierung verhindert. Dillis blieb nicht lange Priester, sondern konnte sich, gefördert von Rumford, dem Kurfürsten und späteren König Max Joseph und auch dem Kronprinzen Ludwig ab etwa 1799, ganz der Landschaftsmalerei widmen und die Herrscher bei der Sammlung von Kunstwerken und der Erschaffung der Pinakothek beraten. Er schuf insbesondere Porträts von Rumford und bezaubernde Zeichnungen von Gräfin Baumgarten und der zehnjährigen Sophy Baumgarten.
28 Ellis, S. 157.
29 Larsen, S. 163.
30 Ibid., S. 319.
31 Larsen, S. 188.

Rumford als Wegbereiter der Thermodynamik

1 Nach Falta erschienen 28 Publikationen (zwischen 1786 und 1804) zum Thema Wärme, acht Arbeiten (zwischen 1787 und 1812) zu Lichttechnik und physiologischer Optik, fünf Arbeiten (1781 bis 1802) zu militärtechnischen Fragen, dreizehn Arbeiten (1796 bis 1812) zu Heizungsproblemen; vier Arbeiten beschäftigen sich mit sozialen Einrichtungen. Außerdem verfasste er viele Aufsätze zu praktischen Problemen.

2 Rumford, ›Kleine Schriften‹, Band IV, S. 4.

3 Brown, ›Benjamin Thompson, Count Rumford‹, S. 183.

4 Rumford, ›Kleine Schriften‹, Band IV, S. 99 (»An Experimental Inquiry Concerning the Source of Heat Which is Excited by Friction«).

5 Moore, W. J., ›Physical Chemistry‹ (Longmans, 1968), S. 213.

6 Sparrow, S. 216 f.

7 Tyndal, S. 36.

8 Sparrow, S. 222.

9 Peacock, T. I., ›Headlong Hall‹ (Everyman's Library, Dent, 1910), S. 2:
Wenn Philosophen erfinden ein System,
Ist das natürlich eins, das ihnen auch genehm.
Die Natur muss sich dann diesem beugen
Und so der Weisen Geist bezeugen.

10 Der schwedische Astronom Anders Celsius hatte 1742 ein ähnliches Thermometer gebaut, aber anders geeicht, indem er den Gefrierpunkt von Wasser (0°C) als Nullpunkt nahm und den Siedepunkt des Wassers mit 100°C als oberen Fixpunkt ansetzte. Deswegen entspricht der Temperatur 0° auf der Fahrenheit-Skala −32° auf der Celsius-Skala und der Siedepunkt von Wasser liegt bei 212° Fahrenheit.

11 Man braucht also 10 Kalorien, um die Temperatur von 10 Gramm Wasser um 1°C zu erwärmen.

12 Rumford, ›Kleine Schriften‹, Band II,2, S. 356.

13 Brown, ›Benjamin Thompson, Count Rumford‹, S. 195.

14 Rumford, ›Kleine Schriften‹, Band II, 2, S. 357.

15 Brown, ›Benjamin Thompson, Count Rumford‹, S. 255.

16 Rumford, ›Kleine Schriften‹, Band II,2, S. 372.

17 Ibid., S. 373.

18 Ibid., S. 384.

19 Tyndall, S. 54.

20 Sparrow, S. 223.

21 Rumford, ›Kleine Schriften‹, Band IV, 2, S. 576 »Untersuchung über das der Wärme zugeschriebene Gewicht«.

22 Ibid.

23 Dieser Ausdruck wurde erst 1834 von dem britischen Chemiker William Prout eingeführt.

24 Rumford, ›Kleine Schriften‹, Band IV, 1, S. 204.

25 Ibid.

26 Da ein Joule (1 J) nur eine sehr kleine Energiemenge darstellt, ist das Kilojoule (1 kJ), das 1000 Joule entspricht, gebräuchlicher; 4,184 kJ Energie liefern 1 kcal. Wenn man das weiß, kann man leicht Kalorien in Energieeinheiten umrechnen. So sind beispielsweise 15 kJ Energie nötig, um eine kleine Tasse heißen Kaffee zu bereiten. Die Energie dazu kann, wie wir wissen, von Feuer, elektrischem Strom, Gas, einem Mikrowellenherd oder, wenn die Zeit reicht, durch heftiges Rühren erzeugt werden. Umgekehrt lässt sich so auch das theoretische Gewicht der Wassermenge berechnen, die eine Dampfmaschine auf eine bestimmte Höhe pumpen kann, wenn die Wärme von 1 kg Kohle zur Verfügung steht.

27 Bei den meisten Nahrungsmitteln werden heute beide Einheiten genannt, wenn der Energiegehalt in Zahlen angegeben wird. Aus dem Alltagsleben ist uns vertraut, dass je 100 Gramm Nahrung bei Schnittbohnen 30 kJ (7,2 kcal) entsprechen, bei Milch 172 kJ (65kcal), bei Chips 1065 kJ (255 kcal) und bei Zucker 1680 (402). Der normale tägliche Energiebedarf reicht von 4184 kJ (1000 kcal) bei einem Säugling bis zu 20 000 kJ (4780 kcal) für einen Schwerarbeiter.

28 Rumford, ›Kleine Schriften‹, Band II, 2, S. 355.

29 Lichtenberg an Alexander Scherer, 28. November 1798.

30 Tyndall, S. 54.

Rumford als Erfinder

1 Sie wurde vor allem in England von Matthew Boulton, dem Geschäftspartner von James Watt, hergestellt.

2 Rumford, ›Kleine Schriften‹, Band IV, 2, S. 405.

3 Der Schweizer Lambert stammte aus Mühlhausen und ging 1764 nach Berlin, wo ihn Friedrich der Große förderte.

4 Die Intensität des Lichts nimmt also auf ein Viertel ab, wenn sich die Entfernung zur Lichtquelle verdoppelt, und auf ein Neuntel, wenn die Entfernung sich verdreifacht.

5 Rumford, ›Kleine Schriften‹, Band IV, 2, S. 474–496. Goethe, der sich schon seit 1770 mit »farbigen Schatten« beschäftigte, beschreibt den gleichen Versuch, in der er auch Rumford erwähnt. Auch Lichtenberg interessiert sich für diese farbigen Schatten »wie ein Knabe für Schmetterlinge« und meinte, die Versuche des Grafen Rumford verdienten die größte Aufmerksamkeit: »Es scheint da etwas Neues vor der Tür zu sein.«« Rumford erwähnt weder Goethe noch Lichtenberg, wohl aber Priestley, der in seiner ›History of Optics‹ meint, als Erster habe Buffon 1743 über farbige Schatten gearbeitet.

6 Brown, ›The Collected Works of Count Rumford‹, Band IV, S. 134. Rumford klagte jedoch gegen die französischen Lampenhersteller Bordier und Palle-

bot und behauptete, die Lampen, die sie seit 1809 herstellten, beruhten auf seinem Entwurf. Der Fall wurde 1812 verhandelt, und Rumford war sehr befriedigt, als das Urteil zu seinen Gunsten ausfiel.

7 Brown, ›Benjamin Thompson, Count Rumford‹, S. 302.
8 »On the Management of Light in Illumination«.
9 Brown, ›The Collected Works of Count Rumford‹, Band IV, S. 97.
10 Larsen, S. 184.
11 Rumford, ›Kleine Schriften‹, Band I, S. 377.
12 Ibid., S. 459.
13 Ibid.
14 »On the Management of Fire and the Economy of Fuel«.
15 Rumford, ›Kleine Schriften‹, Band III, S. 6.
16 Unter den fünfhundert Klienten, die ihre Häuser mit den neuen Kaminen ausrüsteten, waren außer Lady Palmerston Sir Joseph Banks, der Präsident der Royal Society, Lady Templeton, der Earl von Bessborough und der Marquis von Salisbury.
17 Rumford, ›Kleine Schriften‹, Band II, S. 566.
18 Rumford hatte der schottischen Carron Company seine Baupläne für einen gusseisernen Ofenrost sogar kostenlos zur Verfügung gestellt, damit er billig hergestellt und verkauft werden könnte. Ein Konkurrent lebte auf der anderen Seite des Atlantiks: Benjamin Franklin, sein älterer Zeitgenosse, der nur einige Meilen von Woburn entfernt geboren worden war, hatte um 1745 den Franklin- oder Pennsylvania-Ofen erfunden und 1787 ›Observations on the Cause and Cure of Smoky Chimneys‹ veröffentlicht. Franklins Ofen unterschied sich jedoch sehr von Rumfords, denn in ihm brannte das Feuer in einem geschlossenen gusseisernen Kasten.
19 »Of the Use of Steam as a Vehicle for Transporting Heat from One Place to Another«.
20 Brown, ›Benjamin Thompson, Count Rumford‹, S. 407
21 Der Färber Benjamin Gott, 1800 Bürgermeister von Leeds, nutzte den Dampf eines Kessels zum Erwärmen von Bottichen und behauptete, das habe seine Heizkosten um etwa sechzig Prozent verringert. Einige seiner Kollegen folgten seinem Beispiel.
22 Rumford, ›Kleine Schriften‹, Band I, S. 253.
23 Der in England als Gegner der Sklaverei bekannte William Wilberforce empfahl Rumfords Vorschläge dazu dem britischen Parlament bei einer Debatte über die Getreide- und Brotgesetze.
24 Ein englischer Eisenhändler stellte in einem Betrieb innerhalb von drei Jahren 260 solcher Öfen her, ein anderer mehr als zweihundert.
25 Rumford, ›Kleine Schriften‹, Band I, S. 247–370.
26 Grass, S. 397.
27 Brown, ›The Collected Works of Count Rumford‹, Band IV, S. 476
28 »Of the Excellent Qualities of Coffee and the Art of Making it in the Highest Perfection«.

29 Brown, ›The Collected Works of Count Rumford‹, Band IV, S. 618.
30 Ibid., S. 654.
31 Ibid., S.167.
32 Söhn S. 29 .
33 Rumford, ›Kleine Schriften‹ Band I, S. 254 ff. und 274 ff.
34 Ibid, S. 256.
35 Ellis, S. 536.
36 Ibid., S. 506 f.
37 ›Blackwood's Magazine‹, Band XIV, Dezember 1823.
38 Bauer, S. 532.

Die Royal Institution of Great Britain

1 Larsen, S. 179.
2 Ellis, S. 336.
3 Ibid., S. 343.
4 Ibid., S. 344.
5 Ibid., S. 290.
6 Ibid., S. 353.
7 Larsen, S. 186.
8 Ellis, S. 355.
9 Das Haus liegt jetzt wenige Schritte vom Kaufhaus Harrod's mitten in der Stadt und gehört einem Wohnungsmakler, der Wohnungen für die Reichen vermittelt, die sicher ganz nach Rumfords Geschmack wären.
10 Larsen, S. 181.
11 Jones, S. 44.
12 Edward James Eliot und dem Bischof von Durham.
13 Jones, S. 46.
14 Weil sich das Verfahren, in einzelnen Kirchengemeinden kleine Arbeitshäuser einzurichten, nicht bewährt hatte, verabschiedete das Parlament 1782 ein Gesetz zur »Einrichtung reformierter Arbeitshäuser durch Vereinigungen von Kirchengemeinden, in dem die Alten, die Kranken und die Gebrechlichen zusammen mit ihren abhängigen Kindern und allen Waisen versorgt werden können«, und William Pitt hatte 1796 ein weiteres Gesetz »zur besseren Behebung der Armut und zur besseren Versorgung der Armen innerhalb mehrerer englischer Distrikte« vorgelegt.
15 Jones, S. 47.
16 Ellis, S. 384.
17 Sparrow, S. 108.
18 Ibid., S. 107.
19 Flata, S. 124.
20 Ellis, S. 381.

21 Ibid., S. 380.

22 Der heutige Gegenwert läge bei etwa 250 000 Euro.

23 Banks hatte Harrow, Eton und Oxford besucht und 1767 als 23-Jähriger eine erste botanische Expedition nach Neufundland unternommen, aus eigener Tasche zur Ausrüstung von James Cooks Forschungsschiff ›Endeavour‹ beigetragen und Cook von 1768 bis 1771 bei seiner Weltumseglung begleitet. Im Jahr darauf bereiste er die Hebriden und Island. Später sandte er auf eigene Kosten Naturforscher nach Australien und regte an, Neusüdwales mit Verbrechern zu besiedeln. Tatsächlich nahm die Kolonialisierung Australiens 1787 mit dem ersten Transport von tausend Kettensträflingen ihren Anfang.

24 Ellis, S. 390.

25 Ibid.

26 Ibid., S. 391.

27 Thomas Garnett war Professor der Naturphilosophie am Andersons-Institut in Glasgow, einem berühmten wissenschaftlichen Institut mit ähnlicher Zielsetzung wie die Royal Institution.

28 Die Themen waren: Die Wärme und ihre praktische Verwendung; Brennstofferparnis; das Prinzip der warmen Kleidung; Wirkung von Hitze und Kälte auf den menschlichen Körper in gesundem und krankem Zustand; die Folgen des Einatmens schlechter Luft; Methoden, um Wohnhäuser angenehm und gesund zu machen; der Bau von Gefrierräumen und die Beschaffung und Konservierung von Eis; Methoden der Lebensmittellagerung in verschiedenen Jahreszeiten und Klimaverhältnissen sowie der Aufbewahrung von Flüssigkeiten ohne Eis; Methoden der Herstellung, Zusammenstellung und Verwendung von Dünger in verschiedenen Bodenarten; die durch den Kochvorgang erzeugten Veränderungen verschiedener Nahrungsmittel; die chemischen Grundprinzipien der Ledergerbung, samt Verbesserung der Gerbmethoden; die chemischen Grundlagen der Seifenherstellung, des Bleichens und Färbens und im Allgemeinen die Grundlagen aller technischen Vorgänge in verschiedenen Herstellungsprozessen (Larsen, S. 195).

29 Brown, ›Benjamin Thompson, Count Rumford‹, S. 221.

30 Rumford, Complete Works, Band IV, S. 771–85.

31 Brown, ›Benjamin Thompson, Count Rumford‹, S. 225.

32 Jones, S. 144.

33 Brown, ›Benjamin Thompson, Count Rumford‹, S. 213.

34 Paris, S. 90.

35 Sparrow, S. 125.

36 Man sagte, er habe schon im Alter von zwei Jahren zwei Mal die ganze Bibel gelesen und im Alter von dreizehn Jahren acht Sprachen beherrscht, darunter Hebräisch, Chaldäisch, Syrisch und Sumerisch. Mit sechzehn soll er Shakespeare in griechische Jamben übersetzt haben.

37 Larsen, S. 207.

38 Brown, ›Benjamin Thompson, Count Rumford‹, S. 244.

39 Ibid., S. 247.

40 Ibid.
41 Ibid., S. 248.
42 Die ziemlich schwülstige Widmung wurde übrigens nicht in die deutsche Ausgabe übernommen.
43 Er war später bis zu seinem Tode 1844 Sekretär der Geologischen Gesellschaft, Kurator ihres Museums und Professor für Geologie an der Londoner Universität.
44 Michael Faraday, ›Naturgeschichte einer Kerze‹, Reclam 1961.
45 Insgesamt sind es vierzehn Nobelpreisträger, so berühmte Männer wie John Tyndall, James Dawar, William Bragg, Lawrence Bragg und George Porter.
46 Petzold/Figala, S. 241.

Graf Rumford und Comtesse Lavoisier de Rumford

1 »Untersuchungen über die Beschaffenheit der Wärme und die Art, wie sich dieselbe verbreitet«, ›Kleine Schriften‹, Band IV, 1, S. 99–292, »Memoire über die Wärme«, ›Kleine Schriften‹, Band IV, 1, S. 294–347.
2 Bauer, S. 549.
3 Ibid.
4 Ibid.
5 Thorpe, S. 89.
6 Ibid., S. 89 f.
7 Sparrow, S. 160.
8 Ellis, S. 542.
9 Ibid.
10 Ibid., S. 551.
11 Ellis, S. 548.
12 Bauer, S. 550.
13 Ellis, S. 551.
14 Ibid., S. 559.
15 Ibid., S. 560.
16 Larsen, S. 230.
17 Ibid.
18 Ibid.
19 Ibid., S. 562.
20 Bauer, S. 550.
21 Ibid., S. 564.
22 Ibid.
23 Ibid., S. 562.
24 Ibid., S. 567.
25 »The Advantage of Employing Wheels with Broad Felloes for Travelling and Pleasure Carriages«, Rumford, ›Complete Works‹, Band III, S. 461.

26 Dieser vermählte sich im Oktober mit Prinzessin Theresa von Sachsen-Hildburghausen, der Namensgeberin der Theresienwiese, dem Ort des Oktoberfests.

27 Larsen, S. 235.

28 Sie überbrachte die Nachricht von Loammi Tod am 20. Oktober 1807. Dieser enge Freund aus Jugendtagen in Woburn war ein angesehener Ingenieur geworden und hatte unter anderem den Middlesex-Kanal gebaut, der Boston mit Lowell am Merrimack verband.

29 Ellis, S. 585.

30 Ibid., S. 599 f.

31 Ibid., S. 620.

32 Ibid., S. 602.

33 Ibid.

34 Ibid., S. 615.

35 Ibid., S. 635.

Wohltäter aus Berechnung?

1 Paris, Band I, S. 138.

2 ›The Watchman‹ (Bristol, 1796), Nr. 5, S. 140. John Howard (1726 bis1790), der Gründer der Howard League for Prison Reform, war ein wohlhabender Philanthrop, der sich insbesondere für Gefängnisreformen und die Volksgesundheit einsetzte. Er brachte im Unterhaus Gesetzesvorschläge ein, die die damals verheerende Lage der Gefangenen verbessern sollten und um sie durch Beschäftigungsmaßnahmen und Religionsunterricht auf ein sinnvolles Leben nach der Entlassung vorzubereiten. Später beschäftigte er sich mit der Frage, wie die Ausbreitung der Pest und anderer Ansteckungskrankheiten verhindert werden könnte. Er starb am Fleckfieber, mit dem er sich auf einer Russlandreise bei der Inspektion eines Krankenhauses angesteckt hatte.

3 Ellis, S. 621.

4 Ibid., S. 622.

5 Zitiert nach ›Concise Dictionary of Scientists‹ (W. & R. Chambers, 1989), S. 335.

6 Georg Christoph Lichtenberg, ›Taschenbuch zum Nutzen und Vergnügen fürs Jahr 1797‹, S. 140.

7 Thompson, J. A., zitiert in Adams, C. Raymond, »Benjamin Thompson, Count Rumford«, ›Scientific Monthly‹, Band 71, 1950, S. 381.

8 Sparrow, S. 259.

9 Brush, Stephen G., »Marvelous bedtime reading for physicists«, ›Physics Today‹, November 1979, S. 55.

10 Larsen, S. 141.

11 Jones, S. 60.
12 Ellis, S. 619.
13 Ibid., S. 622.
14 Ibid., S. 245.
15 Jones, S. 71.
16 Ellis, S. 384.
17 Hammermayer, S. 65.
18 Falta, S. 124, und Ivo Schneider,»Rashomon oder Georg Reichenbach«, ›Kultur und Technik‹ 2/1996, S. 10–19. Reichenbach gründete 1802 das Münchner Mathematisch-Mechanische Institut, bei dem 1804 Utzschneider Teilhaber wurde und ab 1806 Fraunhofer als praktischer Optiker arbeitete.
19 Hammermayer, S. 65.
20 Salzer, O. T., ›American Journal of Education‹, Band 61, Nr. 9.
21 Sparrow, S. 78.
22 Gabriele von Arnim in ›Süddeutsche Zeitung‹ vom 21. Juli 1989.

Verzeichnis der auf Deutsch veröffentlichten Arbeiten Rumfords

Benj. Grafen von Rumford Kleine Schriften politischen
ökonomischen und philosophischen Inhaltes
Band 1. Mit Kupfern. Weimar 1797 im Verlage des
Industrie-Comptoirs
Nach der zweyten, vermehrten Ausgabe aus dem Englischen
übersetzt, und mit neuen Beylagen bereichert.
Herausgeber F. J. Bertuch

Literaturhinweise

Bücher

Bermann, Morris: Social Change and Scientific Organisation. The Royal Institution 1799–1844 (The Royal Institution, 1978).

Boswell, James: The Life of Dr. Johnson, Band XI (Privatdruck für die Navarre Society, London 1924).

Brown, S. C.: Benjamin Thompson – Count Rumford. Count Rumford on the Nature of Heat (Pergamon Press, Oxford, 1967; dt: Die Wärme betrachtet als eine Art der Bewegung, übers. von Anna von Helmholtz und Clara Wiedemann, Vieweg, 4. Aufl. 1894).

Brown, S. C.: Count Rumford. Physicist Extraordinary (Heinemann, 1964).

Brown, S. C.: Benjamin Thompson – Count Rumford (MIT Press, Cambridge, MA, 1979).

Brown, S. C. (Hg.): The Collected Works of Count Rumford (Band I bis V) (Harvard, 1979–1971).

Caroe, A. D. R.: The House of the Royal Institution (The Royal Institution, 1963).

Chambers Biografical Dictionary (1990).

Clark, Philip: American War of Independence (Chivers Press, 1988).

Cost, March: The Countess (Cassell, 1963).

Dwight, C. Harrison: Sir Benjamin Thompson, Count Rumford (Privatdruck Cincinnati, 1960) .

Ellis, George E.: Memoir of Sir Benjamin Thompson. Count Rumford with Notices of his Daughter (American Academy of Arts and Sciences, Boston, 1871).

Fischer, David Hackett: Paul Revere's Ride (Oxford University Press, 1994).

Hale, R. W.: Some Account of Benjamin Thompson (Addison C. Getchell & Son, 1927).

Hill, Douglas: Georgian London (Macdonald & Co., 1970).

Houcy, Erica: The American Revolution (Dryad Press Limited, 1986).

Jones, Brence: The Royal Institution. Founder and First Professors (Longmans, Green & Co., 1871).

Johnson, Paul: A History of the American People (Weidenfeld & Nicholson, 1997).

Larsen, Egon: Graf Rumford. Ein Amerikaner in München (Prestel, 1961).

Lenard, Philipp: Great Men of Science (G. Bell & Sons Ltd, 1954).

Martin, Thomas: The Royal Institution (London 1961).

Paris, J. A.: The Life of Sir Humphry Davy (Henry Colburn & Richard Bentley, 1831).

Parkinson, Roger: The American Revolution (Wayland Publishers, 1971).

Pictet, A. (Hg.): Bibliothèque Britannique. Science et Arts, Band XVII et al. (Genf 1802).

Porter, Roy: London. A Social History (Hamish Hamilton, 1994).

Rudé, George: Hanoverian London 1714–1808 (Secker & Warburg, 1971).

Rumford, Benjamin: Count of Philosophical Papers (T. Cadell jun. & W. Davies, Band I, 1802).

Rumford, Count: The Complete Works (The American Academy of Arts and Sciences, 4 Bände, 1870–1873).

Sparrow, W. J.: Knight of the White Eagle. A Bibliography of Sir Benjamin Thompson, Count Rumford (Hutchinson, 1964).

Thomas, John Meurig: Michael Faraday and the Royal Institution (Hilger, 1961).

Thompson, James Alden: Count Rumford of Massachusetts (Farrar & Rinehart, 1935).

Tyndall, John: Heat – A Mode of Motion (Longmans, Green & Co., 1880).

Aufsätze

Adams, C. Raymond: »Benjamin Thompson, Count Rumford« (›Science Monthly‹, 71, December 1950, S. 380).

Brown, S. C.: »Count Rumford and the Caloric Theory of Heat« (›Proceedings of the American Philosophical Society‹, Band 93, Nr. 4, September 1949, S. 316).

Brown, S. C.: »Rumford Lamps« (›Proceedings of the American Philosophical Society‹, Band 96, Nr.1, Februar 1952, S. 37).

Brown, S. C.: »Count Rumford's Concept of Heat« (›American Journal of Physics‹, Band 20, 1952, S. 331).

Brown, S. C. und Scott, K.: »Count Rumford, International Informer« (›New England Quarterly‹, 21. März 1984, S. 34).

Cummings, A. D.: »The Eighteenth Century's Fuel Efficiency Expert« (›Discovery‹ 8, April–Mai 1947, S. 120).

Day, Peter: »Mr. Secretary, Colonel, Admiral, Philosopher Thompson. The European Odyssey of Count Rumford« (›European Review‹, Band III, 2, 1995, S. 103–111).

Lewellen, J.: »Count Rumford, Theorist of Heat« (›Science Digest‹, 39, Februar 1956, S. 86).

Maechling, C.: »Count Rumford: Scientific Adventurer« (›History Today‹, 22, April 1972, S. 245).

Martin, Thomas: »Origins of the Royal Institution« (›British Journal for the History of Science‹, I, 1962, S. 49–63).

Mendoza, E.: »The Historical Approach to the Mechanical Equivalent of Heat« (›School Science Review‹, 44, S. 11).

Mitchell, Wilson: »Count Rumford« (›Scientific American‹, 203–4, Oktober 1960, S. 158).

Sparrow, W. J.: »Count Rumford as a Spy« (›Annals of Science‹, 11, 1955, S. 320–330).

Sparrow, W. J.: »Rumford's Photometer« (›School Science Review‹, 134, November 1956, S. 43–47).

William, W. Mattieu: »On Rumford's Scientific Discoveries« (›Proceedings of the Royal Institution‹, 24. März 1871, S. 227).

Für die deutsche Bearbeitung zusätzlich verwendete Literatur

Albrecht, Dieter et al. (Hgs): »Graf Rumford (1753–1814) zwischen Nordamerika, Großbritannien, Bayern und Frankreich« (›Europa im Umbruch 1750–1850‹, R. Oldenbourg, 1995).

Arnim, Gabriele von: »Wohltäter aus Berechnung« (›Süddeutsche Zeitung‹, 20./21. August 1994).

Bärnighausen, Eckehard: »Ein Weltbürger in München« (›Damals‹, Heft 7, Juli 1989, S. 591).

Bauer, U:. »Graf und Gräfin Rumford« (›Urania‹, IX. Jahrgang, 41–2, Oktober 1916, S. 529–534, 549 ff.).

Bauernfeind, Carl Maximilian von: »Benjamin Thompson, Graf v. Rumford« (Festvortrag an der Technischen Hochschule, München 1889)

Bayern, Adalbert von: Als die Residenz noch Residenz war (Prestel, 1997).

Falta, W.: »Die farbigen Schatten – Goethe und Rumford« (›Goethe Jahrbuch‹, 104, 1987, S. 318–331, Bölau Nachf. 1988).

»Graf Rumford als Naturphilosoph und technischer Physiker« (›Feingerätetechnik‹, 38, Berlin 1989, 122–125).

Grass, Günter: Der Butt (Luchterhand, 1977).

Gruner, Wolf D.: »Benjamin Thompson, Reichsgraf von Rumford. Seine Londoner Mission« (Hg. Ortwin Kuhn, ›Großbritannien und Deutschland‹, 1974, S. 74–92).

Hammermayer, Ludwig: »Freie Gelehrtenassoziation oder Staatsanstalt?« (›Zeitschrift für bayerische Landesgeschichte‹, Band 54, 1991, S. 159 bis 202).

Heigel, Karl Theodor von: »Benjamin Thompson, Graf von Rumford« (Festrede aus Anlass der 100. Wiederkehr des Todestags Rumfords, München 1915).

Krauss-Meyl, Sylvia: Das »enfant terrible« des Königshauses (Pustet, 1997).

Mayr, Georg Karl von: Sammlung der Kupfalz-Baierischen allgemeinen und besonderen Landesverordnung, 1. Folge, 2 Bände (München 1784–1799).

Miedaner, Stefan: »Der Vater des Englischen Gartens. Sir Benjamin Thompson, Graf von Rumford« (›200 Jahre Englischer Garten‹, 1990, S. 23–28).

Möhl, Friedrich Karl: Die Vorläufer der heutigen Organisation der öffentlichen Armenpflege in München (Bamberg 1903).

Petzold, U., K. Figala: »Sir Benjamin Thompson, Graf von Rumford (1753–1814) Ein Universalgenie aus Massachusetts reformiert Bayern« (›Kultur und Technik‹, Zeitschrift des Deutschen Museums, München 1983, S. 235–243).

Söhn, Gerhart: »Graf Rumford und der Kaffee« (›Kultur und Technik‹, Zeitschrift des Deutschen Museums, München 1983, S. 22 f.).

Pöhlmann, Bärbel: »Graf Rumford in bayerischen Diensten (1784 bis 1798)« (›Zeitschrift für bayerische Landesgeschichte‹ 54, 1991, 2, S. 363–433)

Stutzer, Dietmar: »Von Rumford stammt nicht nur eine Suppe« (›Unser Bayern‹, Heimatbeilage der Bayerischen Staatssammlungen)

Winterstein Axel: »Benjamin Graf Rumford« (›Erfinder in München. Genies, Querköpfe, Tüftler‹, Olzog 1997).

Namenregister

Aichner, Familie 90, 165 f.
Aichner, Marie Sarah 166
Annamirl 90
Appleton, John 13
Argand, Aimé 121

Baader, Franz Xaver 180
Baader, Joseph 180
Babo, Joseph Marius 180
Bacon, Francis 104
Baldwin James 171
Baldwin, Loammi 15 f., 22 ff.,
   88 f., 93, 97 f., 100, 140, 171
Ball, Reverend 31
Banks, Joseph 33, 145, 151,
   155 f.
Barnard, Reverend Thomas 15
Baumgarten, Sophy 48, 99, 153
Beddoes, Thomas 150
Belderbusch, Freiherr von 49, 68
Berhollet, Claude 105
Bernard, Sir Francis 142
Bernard, Thomas 142, 144 f.,
   155
Bertholler, Claude 154
Berzelius, Jöns J. 105
Black, Joseph 105, 107
Blagden, Charles 58, 101, 159,
   168, 171, 175
Blanchard, Fançoise 31
Boerhaave, Hermann 103, 108
Bolingbroke, Lady 59
Boulton, Matthew 149
Boyle, Robert 104, 111
Bretzenheim, Graf von 45, 48
Brown, Sanborn C. 25
Burghausen, Generalin 45, 65
Burke, Edmund 28

Cadell, T. jun. 90
Canelux, M. Loconteux 172
Caphen, Hopestill 13 f., 23
Cavendish, Henry 104, 151
Chabanne, Marquise de 90
Chatham, Earl von 19
Church, Benjamin 24
Clausius, Rudolf 118
Coleridge, Samuel Taylor 177
Corbett, William 137 f.
Cornwallis, Lord 39, 44
Criuckshank, Isaac 127, 129
Curwen, Samuel 31
Cuvier, Georges 177

Dalton, John 105
Dashwood, Francis 28
David, Louis 160
Davies, W. 90
Davy, Humphrey 104, 111,
   148, 150 ff., 156, 172 f.,
   177
Delessert, Baron 172 f.
Dillis, Johann Georg 180

Ebner-Eschenbach, Marie von
   137
Einstein, Albert 117
Elisabeth, Kurfürstin 59

Fahrenheit, Gabriel Daniel 106 f.
Faraday, Michael 156 f., 173
Fisher, John 38
Foucroy, Antoine-François 154
Frank, Ignaz 47, 60
Franklin, Benjamin 15, 168, 177
Fraser, William 43
Friedrich II. 134

Moll, Carl Ehrenbert von 85
Montgelas, Maximilian Graf von
83
Morawitzky, Graf 61 f.
Moreau, General 60 ff.
Murray, Daniel 38, 43

Napoleon Bonaparte 60, 154,
168, 173
Newton, Isaac 104
Nogarola, Gräfin 48, 59, 94, 99,
170
North, Lord 19, 28, 39, 43

Palmerston, Lady 59 f., 87, 93,
96, 140, 146, 155, 164
Parker, Daniel 175
Paulze, Marie-Anne-Pierette
siehe Lavoisier de Rumford,
Comtesse
Percy, Ebenezer 40
Piaggino, Hofkammerrat 74f.
Pichler, Karoline 137
Pictet, Marc-Auguste 12, 96, 108,
146, 149, 152, 162
Pierce, Jesiah 12
Pindar, Peter 127, 147
Pitt, William sen. siehe Chatham,
Earl von
Potter, Thomas 28

Reichenbach, Georg 180
Revere, Paul 21
Risbeck, Kaspar 48 f.
Robins, Benjamin 32 f.
Rockingham, Marquis von 28
Rolfe, Paul 17, 176
Rolfe, Sarah siehe Thompson,
Sarah
Roosevelt, Franklin Delano 177
Ross, John 36

Sackville, Viscount 180
Sally Gräfin Rumford siehe
Thompson, Sally

Sandwich, Earl of 35
Sckell, Friedrich Ludwig von
53
Sheffield, Lord 90
Snow, Mrs. 89
Spreti, Leutnant 95
Stacey, Mr. 88
Staël, Madame de 154
Stein, Eldridge W. 25

Talleyrand 154
Taxis, Graf Charles Maurice von
95, 98 f., 101, 139, 170
Thackeray, William Makepeace
27
Therese von Thurn und Taxis 96,
153
Thompson, Hiram 12 f.
Thompson, James 11
Thompson, Sally (eigtl. Sarah)
11, 23, 63, 87 ff., 93 ff.,
139, 146, 163, 165 ff.,
169 ff., 175
Thompson, Sarah 17 f., 23
Tyndall, John 111, 118, 120

Underwood, R. J. 151, 172 f.

Veratzky, Madame 98
Volta, Alessandro 58, 154

Walker, Reverend Timothy 17
Walker, Sarah siehe Thompson,
Sarah
Warpole, Thomas 46 f.
Washington, George 21 f., 39,
141
Webster, Elizabeth 59
Webster, Thomas 145, 149,
155 f.
Wentworth, John 18, 22, 24, 29,
46
Werneck, Freiherr von 180
Wilberforce, William 143
Wilkes, John 28

Biographien bei dtv

Michael W. Blumenthal
Die unsichtbare Mauer
Die dreihundertjährige
Geschichte einer deutsch-
jüdischen Familie
dtv 3-423-30788-9

Peter Brown
Augustinus von Hippo
dtv 3-423-30759-5

Pang-Mei Natasha Chang
Grüner Tee und Coca-Cola
Die Geschichte der Chine-
sin Yu-i, von ihr selbst
erzählt · dtv 3-423-30763-3

Eugen Drewermann
Giordano Bruno
oder Der Spiegel des Unend-
lichen · dtv 3-423-30747-1

Erica Fischer
**Das kurze Leben der Jüdin
Felice Schragenheim**
»Jaguar«, Berlin 1922
Bergen-Belsen 1945
dtv 3-423-30861-3

Manfred Flügge
Figaros Schicksal
Das Leben des Pierre-Augus-
tin Caron de Beaumarchais
dtv premium 3-423-24235-3

**Heinrich Schliemanns
Weg nach Troia**
Die Geschichte eines
Mythomanen
dtv premium 3-423-24292-2

Albrecht Fölsing
Wilhelm Conrad Röntgen
Aufbruch ins Innere der
Materie
dtv 3-423-30836-2

Erich Fromm
Sigmund Freud
Seine Persönlichkeit und
seine Wirkung
dtv 3-423-35096-2

Gertrud Fussenegger
Maria Theresia
dtv 3-423-30419-7

Christoph Gann
Raoul Wallenberg
So viele Menschen retten
wie möglich
dtv 3-423-30852-4

Françoise Giroud
Alma Mahler
oder die Kunst, geliebt
zu werden
dtv 3-423-30749-8

Biographien bei dtv

Biographien bei <u>dtv</u>

Who's who bei <u>dtv</u>

Von Ariel und Asterix
bis Zeus und Zacharias

Who's who in der Oper
Von Silke Leopold und
Robert Maschka
<u>dtv</u>/Bärenreiter
3-423-**32530**-5

Who's who im Comic
Von Jürgen Kagelmann
<u>dtv</u> 3-423-**32531**-3

Who's who der Tiere
Von Rudolf Schenda
<u>dtv</u> 3-423-**32532**-1

**Who's who in der antiken
Mythologie**
Von Gerhard Fink
<u>dtv</u> 3-423-**32534**-8
Sonderausgabe im großen
Format, mit farbigen
Abbildungen
<u>dtv</u> 3-423-**32541**-0

Who's who bei Goethe
Von Michael Lösch
<u>dtv</u> 3-423-**32535**-6

Who's who in der Bibel
Von Peter Calvocoressi
<u>dtv</u> 3-423-**32536**-4
Sonderausgabe im großen
Format, mit farbigen
Abbildungen
<u>dtv</u> 3-423-**32540**-2

Who's who im Märchen
Von Ulf Diederichs
<u>dtv</u> 3-423-**32537**-2

Who's who der Vornamen
Von Ernö und Renate Zeltner
<u>dtv</u> 3-423-**32538**-0

Who's who im Himmel
Von Ditte und Giovanni
Bandini · <u>dtv</u> 3-423-**32539**-9